嘎玛仁波切/著

用好你的富缘

——活佛的人生财富课

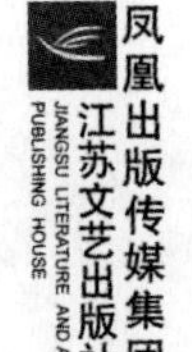
凤凰出版传媒集团
江苏文艺出版社
JIANGSU LITERATURE AND ART PUBLISHING HOUSE

图书在版编目（CIP）数据

用好你的富缘/嘎玛仁波切著.—南京：江苏文艺出版社，2010.10

ISBN 978-7-5399-4066-3

Ⅰ.①用… Ⅱ.①嘎… Ⅲ.①佛教—人生哲学—通俗读物 Ⅳ.①B948-49

中国版本图书馆CIP数据核字（2010）第198572号

用好你的富缘：活佛的人生财富课

著　　者： 嘎玛仁波切
责任编辑： 刘　霁
整体监制： 刘　丹
特约策划： 丽魅空间 · 吴红梅　庄伟　桂杰
特约编辑： 程军川
封面设计： 利　锐
版式设计： 风　筝
出版发行： 凤凰出版传媒集团
江苏文艺出版社　http://www.jswenyi.com
集团网址： 凤凰出版传媒网　http://www.ppm.cn
印　　刷： 三河市鑫金马印装有限公司
经　　销： 新华书店
开　　本： 787×1092　1/16
字　　数： 150千字
印　　张： 16
版　　次： 2010年11月第1版，2011年1月第3次印刷
书　　号： ISBN 978-7-5399-4066-3
定　　价： 32.00元

目 录

第七章　好话值千金 133

第八章　财富的终极要义是珍惜此生 147

第九章　生命与生财 177

自我执著的身体空了，叫做“人无我”。外在环境、物体，到最后也不可能是真实存在，这叫“法无我”。有这样的心态，人生好过很多。

第十章　佛教修财神 187

财神不可能给你创造财富啊，诚心修财神，财神对我们最大的帮助只是能疏通管道，财富如何通过管道来到我们身边，还要看自己的播种状况。

序　拥有财富，享有快乐

财富是什么？我们如何获取？如何使用？

一般讲到财富，人们自然而然会想到房子、车子、存款等物质上的东西，实际上并非如此。财富应该有两层含义，人应该拥有物质层面的福德财富和精神层面的智慧财富。

而一个人如果连最宝贵的生命都不存在，想拥有其他财富就是空话。拥有一个健康的身体，能长寿，这是财富的基础。这还不够，还要有健康的心灵。一个人如果心灵不健全，带着充满瑕疵的情绪生活，是不会富足的。又或者灵魂变成了物质的奴隶，被物质驾驭，那我们本身跟机器就没有什么差别了。要知道，物质是为我们的心灵服务的，心灵不应该让物质驾驭，否则人的生命就不会富足充盈，就不会有暇满人生。所以，我们一定要学会通过信仰来净化自己心灵，理顺和改变内心缺陷。

学会理智地面对人生，感性地运用情商，圆融周围的人际关系，才能让我们的身心更健康。只有拥有了崇高的信仰、纯净的心灵和健康的身体这三样最珍贵的财富，我们才有资格去想如何让自己拥有钱财、权力、名声以及良好的人际关系等等。

所有的物质财富都是为了让我们的灵魂更自由、更快乐地生活在这个世界上。一个人能理顺自己的情绪，就是支配好了他的重要财富，身心就会越来越健康快乐。而当既能拥有财富还能给别人也带来快乐的时候，生命也就更有价值。

第一章

取财之道

如何得到自己想要的财富，人人各有办法。如果有一个好心态，财富就会主动来找你。

财富要从心头来

所谓财富，简单来讲就是一个人要拥有衣食住行等保障正常生存的物质和心灵的自由自在。其中又以健康的心为重点，它左右着人的物质条件，还左右着人们的行为。财富还包括一个人言语的重量、名和利等。这些方面总括起来，就是佛教所说的资粮。佛经里说“万法唯心造”，人类思想的创造力非常强大，把思想的力量综合统一起来，能够创造出许多事物。这种说法同样也适用于财富的获取。

我生在一个偏远山区，但我从小有宏大的愿望，就是把我们的寺庙做大，把佛学院修好。这在当时来讲是天方夜谭，连自己的衣服都破破烂烂补不起，听到师兄们对我的讽刺：先把你的破衣服补一补、换一换吧，不要去讲造大佛、盖大庙、建大讲经堂了！而有了这样的愿力，加上我对佛菩萨的虔诚心，所以得到了它的加持力。这种加持力并不是不劳而获，我所付出的努力是一般人的很多倍，而它只是给了我很大的信心。拜财神是同样的道理，看起来是图腾崇拜，事实上要让你从心里头来，从心中产生愿力与信心，不断鼓励自己前行。我自己也在修佛法，给弟子们传佛法，就是给人以信心，就像我们从小长大是需要被鼓励的。如果没有愿力，面前没有一个目标，没有人鼓励，真的很难有所成就。

如何得到自己想要的财富，人人各有办法，最主要的就是：你自身的价值和福报是否能和你得到的财富对等；如何才能提升自己的价值和福报；你有财富，是否知足。财富对每个人的确很重要，但当你的温饱解决了，你日常的开销解决了以后，你如何支配自己的财富？你是帮助更多需要帮助的人，还是要像其他动物一样囤积？这需要思考。穷人也是这样，当你得到富人的帮助，你认为理所当然，还是应该怀有感恩的心？当然是需要升起感恩的心。但有的人不懂得感恩，甚至就因为很多人的施舍养了一批懒人，很多人就靠别人施舍当寄生虫。

脑力劳动者也好，体力劳动者也好，付出的都是有价值的。而别人对你的任何付出，精神层面的也好，物质层面的也好，你要懂得感恩，要想方设法，与其等待别人给食物，还不如学会种地。所以，值得施舍的人是拿到后知道珍惜，然后以此来创造自己的财富，下一次就无须等待施舍了，除非他是真的无能力——社会上真的有这样的人是真正的弱势。正常人如果他永远靠等待，是不值得施舍的，佛教里认为这种人是最贪婪的，因为他永远只想索取，从来不想去付出。所以，我们要施舍给值得施舍的人，照顾那些值得照顾的人。

真要改变一个人，实际上是要改变他的大脑，改变他的思想。改变思想必须从文化层面做起。人需要有智慧，这个智慧不是说单纯的教书识字；教书识字当然重要，最重要的还是从他本身道德修养做起。一般传统上有宗教信仰的地方，这一点都是很好的，人们懂得感恩，懂得一切来之不易，懂得施者比受者是有福报的。等待施舍的人，他知道自己没有福报，创造福报必须通过另外方法去得到，他也许可以通过体力劳动，通过别人对其感恩的心态，去传播他感恩的心。这些也是教育，不像我们学习识字那么简单，还涉及了方方面面的传统道德观念的熏陶。

从 1978 年中国改革开放以来，在三十多年里出现了很多先富起来的人。据有关权威机构统计，到 2009 年中国的顶尖消费群体中，资产在一亿元人民币以上的有五万人左右，资产在一千万元人民币以上的有八十万人。这个群体如何去支配和享受自己的财富，就成了一个难题，非常值得关注和思考。

让财富主动找上门

如果有一个好心态，财富就会主动来找你。这个心态怎么来的？是要通过道德和文化的培养。人对财富的不满足也没有什么错，前提是我们应该以什么样的态度去分配这种用不满足的心得来的财富。有些人的不满足表现为不愿意去做下一次播种，比如农民，有的人丰收后不愿意再去种地，然后吃老本，两年吃完了，就变成穷人了；有的人丰收后愿意继续播种，种得多，种得好，他就会年年吃不完。所以，勤劳本身就是另外一种不满足，是非常高尚的不满足。像我们这些宗教人士就是高尚的不满足，到处去传教，每天都在忙，不论谁来听，我都要给人讲，不停地写书，不停地录音，不停地讲课，然后去做慈善，永远没有满足，一直努力在做。佛教里高尚的不满足是积极的。“不高尚”的不满足，就是贪婪。得到以后，有的人自己舍不得吃，有的自己舍得吃而不愿意施舍给别人，可人的生命才多久，一辈子能吃完你那不满足所得来的东西吗？大部分还是要留给后人的，所以你再怎么不满足，最后还是要留下。它不是你的，只是你的心态导致你有这样的想法而已。

还有资本的积累。很多人简单地把资本的累积当成是创造某一种事业的必要基础。实际上依照佛教的观点，这个积累就是累积福报。它是方方面面的。一个人从生下来开始，甚至从娘胎开始，所受的教育、付出的辛劳、遇到的挫折困难，乃至接触社会的方方面面，都是在累积财富。特别是遇到困难挫折，实际上都是在为将来成功累积资本，就像我讲经讲课，是花了十几年的苦修，深思熟虑，实践修证，才有办法告诉别人。假设没有这么多的好经验，我谈的话就是空谈。实践出真知，说的只是理论，行不行得通要干了才知道，累积经验很重要。

我们定下了一个目标，可能就会想这个路子怎么去走，财神爷给我们修好管道了，那接下来我们就有了财富，以后你怎么管理，老百姓常说的一个词叫精打细算。精打细算要看怎么算。比如一个人需要做心脏手术，费用两万块，我们付得起这笔钱，那是我们能算计的吗？算不了，你怎么精打细算，人家开这个价？牵涉生死关头，没办法去精打细算。即便价格根本不合理，你明知道他在敲诈，你怎么算？有时候很无奈。我亲身经历过这么一件事：一个老人得了癌症，七十六岁了，明知道他活不了多久，癌细胞已经扩散，现在他要做手术，生命可能会延长一段时间，但不会很久；如果不做这个手术，就眼睁睁看着，他会更痛苦，被折磨死。当时说为老人做手术要花费接近九万块，如果这个时候我精打细算，平均一个老人一个月花五百块，那我可以养好多老人，那样我可能就没有办法给他做手术了。但是，那时候没有人这样去算，哪怕他能多活一段时间，我们手上有这笔钱，就应该去做。最后还是付了这笔钱给他做手术，手术完了后两个月他就死了。有人会说这个手术不该做，反正两个月后他也死了，不如把钱省下来去做别的事。而当你面临这个事情，实际上没有办法取舍。生命永远比钱更重要。

又如盖庙，可以精打细算：一块石头你买下来，让别人搬过来，是一百五十元，如果自己去搬，可能就是七十元，于是一想，算了，自己去搬了。还有用砖，去买个砖大概六七元一块，自己做成本就三元，一半的价钱，所以寺庙的用砖全部是我们自己来做。整个造价让工人去做大概是两百万，自己做可能只需一百万，剩下的钱我们可以做更多的事情，这个时候我们可以精打细算。又比如，喇嘛的生活稍微简单一点，生活费里减一部分，省出的钱可以让好几个学生去读书。精打细算本身是一种美德，但不能太理性，也不能太感性，不同的情况下要用不同的方式去对待。

君子爱财，取用有道

中国有一句老话叫“君子爱财，取之有道”，也就是要正当获取财富。现在人们又流行一种说法叫商场如战场，有各种谋略，有人还做相关的培训，介绍方式方法等等。我就在想：为什么我们要把所有的竞争对手看成是敌人呢？我们可以有对手，不一定要有敌人。读佛学院的时候，我们师兄弟非常和睦，但在学习上我们也竞争，每个人都希望自己背的经多一点，自己能讲的课多一点，但并不是把对方视为仇人死敌——你能够超越他，那是你的伟大。商场也是如此。这个世界上的财富本来取之不尽，并不是说只有一小块蛋糕，大家拿着刀争个你死我活的，为什么不一起把蛋糕做大，平分不是更好吗？所以，从古到今商人很多，能够延续很久的，是他有非常高的道德情怀，不把竞争对手当仇人，甚至愿意去帮助扶持商场上的竞争对手，因此留下美名。所以我觉得，“商场如战场”这种说法是非常不好的。一旦有竞争，完全不顾对方的死活，能踩死谁就踩谁，是很不道德的。你不可能永远是胜利者，把别人当成你的死敌，用战争的方式把他踩下去，总有一天你会被别人踩下来。你不可能永远都是胜利者。

释迦牟尼佛在印度宗教林立的时候，是以最包容的心面对。

佛陀在密法里讲到，不准排斥其他宗派。你可以讲佛教是最好的，但绝不能说别的宗教是不好的；你可以讲别人的缺点，来衬托你的优点在哪儿，但要绝对讲事实。对佛教来讲，众生平等，不能因为对方与你宗教信仰不同，就把他打走，把他毁灭掉，佛教历史上从没有这类事情发生。佛教到哪儿传播，都是包容的，学别人的优点，把佛教的优点传播给别人，即使看别人也是为了更好地完善自己，而不是诋毁人家。佛的弟子都是佛教的代言人。这个世界上，一个商业能成功能持久，推销一个产品也好，推广一种文化也好，一定要想方设法获得别人的认同与信服，你需要完善的永远是自己，不是别人。当别人真正认同与信服你的产品或理念时，成功就属于你了。

商战的推广跟佛教的传播殊途同归。在商场上，你不能只用谋略打败竞争对手，更大的胜仗实际上是让他接纳你的商业思想、文化理念。所谓的世界名牌，有它长久的历史，有一大批它的“信徒”，哪怕它只是一个包包或者是一颗螺丝，能够代代延续传播下去,就是这些“信徒”一直在帮它推动。这些“信徒”是怎么产生的？是通过最早创造这个东西的职业道德产生的，如果一开始就是烂包包，它就没有信徒了。

作为一个拥有外在光环的人，无论他是富翁，是宗教家，是社会教育家，是政治人物，还是娱乐圈名人，他只不过是一个人，在某一些领域可能是比较杰出的。我们从外观察，他也就是一个人而已。说他是一个人，表示他不是菩萨，也不是神祇，他一定有人的缺点和毛病，人的自私、贪婪、欲望、傲慢，佛教里讲的五毒他应该都齐全。所以不会因为他穿着和尚的法衣，不会因为他的制服，不会因为他拥有高级轿车或者游艇，就跟我们有所不同。既然是人，就不会因为服装换了脑袋也跟着换了。要换掉的是大脑里的思想，当他成功时就要思考了：我们的荣耀来自于哪里？我们这些财富来自于哪里？是谁给我们创造了这些？真的是我们自己有这么大的能力吗？一方面我们很有福报，大家都在努力，我们成为了当中的佼佼者，而一个人光靠自己的能力是创造不了这些东西的，还需要很多没有出名的人，他们跟我们一样努力，把我们捧到这个位置上来了。所以，反过来要懂得，没有这个土壤、气候等各种因素就不会有丰收的果实，你不能只看到果不看树，还有气候等各方面因素才导致的果实累累。

当你拥有以后，除了自己能享受的，该如何回馈？大地不是随意被掠取的，自然万物都共生共长，一切是大家共有的，只因我们的能力、福报正好在这个位置才有所得，你得到这些，要懂得回馈。一个有钱人，对社会没有责任感，只懂得索取，不懂得奉献，大家就会远离你；久而久之，福报用完了，你又会回到原始起点。

从另一方面来讲，穷人要理解富人：他们付出了比我们更多的辛苦劳累，他们有的努力是我们看不到的，我们看到的是他们灿烂的那一面。所以，要感谢这些有福报的人，是他们带领我们一起努力，今天才得以共同见证果实的精彩呈现。

谨防不义之财

如果财富的来路不如法，就会自食其果。每年权威机构会排出富豪榜，我们可以看到这样一个现象：今年这几个人上榜了，第二年一些人的名字不见了，换了另外一些人上去了。榜单上的人为什么不见了呢？这些人上榜是因为他们积聚了大量的财富，而下榜是因为他们获取财富的方法出了问题，在过程当中有违法行为，如欺诈、偷漏税等。当这些人站在耀眼的高处，大家就想弄明白他的财富是从哪儿来的。当发现他的财富来路不明时，这个人就会破产，或是沦为阶下囚。在我认识的人当中，从富豪变成阶下囚的有不少。这是他们在获取财富的过程中不择手段不考虑后果造成的。

在宗教信仰比较浓厚的地方，获取财富的方法相对积极正面。有一点是肯定的，他首先想到的是老实做事，其次才是自己有多少利润。

我有个美国朋友，他富起来的过程就非常特别。他身高一米八六，有个毛病，经常腰酸背痛，要请人按摩缓解。在美国找按摩师按摩的价格非常昂贵，他无法承受，于是就找了块木头，雕刻成马鞍形状，然后自己站好，后背靠在木块上摩擦，起到和找按摩师按摩类似的效果。后来有人提醒他，可以把这个马鞍形木块做成活动的，这样人坐着不动就可以享受按摩了。就这样，他发明了简便易用的按摩器。他享受到了按摩器带来的方便，缓解了腰酸背痛的毛病，就觉得应该让更多的人受益。他那时候根本没有想到要拿这个当商品卖，只是送给了养老院的老人用。老人们用了以后，效果很好，于是就有很多人来问哪儿有卖的。问到我朋友那儿，他一看需求量这么大，于是就把按摩器做了简单的改造，在表面贴了一块人造皮革，开始在美国大规模生产。就是因为这么一个简单的利己又利他的起心动念，他成了富豪。

所以，世上很多变得富有的人，一开始的想法都非常正。而周围很多因富裕而成为阶下囚的人，一开始的想法就不是很正面，甚至还有点缺德，比如做棉被用的是工业上的废品棉花，生产婴儿奶粉是加了有毒三聚氰胺的。其实就是为了一点利益，害人害己，这些人也得到了应有的报应。

我在国外时曾经见过一座房屋倒塌，压死了很多人，这房子是个华人盖的。盖房子时，他在房子的隔墙里连砖都没有放，放的是铁皮做的色拉油桶，又塞了些水泥块之类的东西。盖房子时就已经有人看到了，问他，他回答说放铁桶是最好的环保，是废物利用。后来房屋倒塌，所谓的环保铁桶根本撑不起任何重量。类似这样的事很多，像什么黑心饼干、黑心豆腐、甲醛超标的木板等，都是有人为了有所得而偷工减料的结果。

中国是世界成衣产量最大的国家，衣服成本已经很低，都买得起，然而还有人缺德，从西方收购“洋垃圾”服装，拿到国内卖。有一次我到广东汕头，看到一辆十几米长的大卡车在路上翻车了。我们下来看，车翻了，人没事。车上全都是羽绒服、裤子等乱七八糟的，一捆一捆地堆放在那儿。我就问：你们这些旧衣服都是收购来做慈善的吗？他们说不是，是从国外进口的。我又问进口这些干什么。他们说，处理处理就可以销出去了，很好卖。后来我在电视里也经常看到这样的消息。

以前古人讲“君子爱财，取之有道”。现在很多人用很缺德的方式攫取财富，都是会有报应的。这种报应不需要等到死之后才审判，老百姓都会看到的。所有人的诅咒，加上他攫取财富的这种恶念恶意实施出来，很快就会有显现。如果不及时纠正和改变，这种人不可能在这个社会好好地生存下去。

贫富之间，相互善待尊重

为什么人在对待财富时会出现那么多的问题？说到底还是没有正面的信仰。

如果有好的信仰，就不会有那些缺德事发生，做了黑心事的人就会良心发现。奶粉里掺有毒的东西，对孩子身体不好，让人家穿垃圾衣服，超标的细菌会给身体带来伤害，他本人也会受到报应。

也是因为缺乏信仰，我们中间很多人用更缺德的方式对待别人。看到人家富有，就去偷盗、打劫、绑票，用这些方式让自己成为富豪。

如果一个地方失去信仰，就好像整个大街上走的都是魔鬼，你不知道魔鬼会用什么方式去伤人，而即使看到有人正在被伤害，周围的人依然麻木不仁。

可能有人会说，对这些人我们只能用法律来约束。当然，法律一定会惩罚他；但如果什么事情都需要法律，那已经是整个社会的道德水准到了最后底线。

作为人类，还是应该有起码的智商和道德水准，即使帮不了别人，也不要去伤害别人，更不应该用灭绝人性的方式去对待别人。很多煤老板为了攫取财富，不顾矿工安危，让工人们在恶劣环境中工作，结果矿难事故不断，死伤好多。在广东一带，很多人以处理洋垃圾和有污染的电器为生，有的得了癌症。这些人为了生活，不惜伤害自己的身体。缺德的老板不会告诉他们，这到底对身体有多大的伤害。

所以，如果有人有能力带动大家致富，首先应想到：最贵重的是人的生命。在给人提供工作机会时，先要想到的是他的健康。

现在很多富人，因为没有信仰，完全没有道德约束，只要他认为法律还没有惩罚到他，就我行我素；或者诈骗或者偷税漏税，只要能够让财富增长，他就有可能去做。很多呼风唤雨的大老板，自以为是“牛人”，不懂得珍惜别人，不懂得珍惜国家给他的这种好机缘，辜负了别人对他们的信任，浪费了社会资源，自食苦果。

财富和权力容易使人膨胀，有智慧的人会控制管理自己的心，沉静下来。人要懂得惜福。一个社会能够太平不容易。当社会太平，我们拥有这么好的生存机会，要懂得珍惜。做老板的要珍惜员工，反过来，对经济上比较弱的人而言，如果有人给了我们改善生活的机会，我们也要感恩。

拥有财富的人应该自重，为社会发挥更大的价值；而经济能力有限的人，也应该珍惜尊重那些为社会创造更大价值的人。

现在大家都喜欢八卦那些富人、演艺圈的人，关注他们的一切消息。全民喜欢八卦，而不是正面去看名人对社会贡献了多少。比如一个企业家，他的企业给国家税收多少，养了多少工人，对社会做了多少奉献，你报道了也少有人关心。每次遇到灾难，很多名人冲在前面，呼吁大家捐物捐款，他们做这些事情，大家认为是理所应当的，好像他们当名人是我们给的荣耀，而不是他们通过努力得到的。所以，他们做正面的事，大家认为理所当然；一旦有负面的，我们就百倍放大，议论纷纷。对他们到了刻薄的程度，实际上也是不应该的。比如有人只能捐出一块钱，人家就能拿出那么多，只要有这颗心，多少都一样，但是有些人会不平衡，这是不对的。

所以，我们从正面调整自己的心态就非常重要。人性本来就是这样。你可能喜欢关注他们的八卦、私生活，其实应该多关注他们对社会的奉献等一些正面的东西，他们做这些事情对社会带来各方面的正面效应。也许他们有时真的是有目的地做一些事，但又有什么错呢？难道他们一做慈善事业，就说他们是为了打知名度搞宣传？当我们用肯定的方式、感恩的心态去看待，结论就不一样了。也许你就是受帮助的人中的一个。你“给”了他们多少，实际上并不是每个人都有能力“给”他们，而他们“给”我们的可能是全部。比如邓丽君，几十年间唱的歌影响多少代的人，到了现在有机构评选近代对中国人影响最大的女性，她还以 80% 多的投票率占在第一位。多少见过或没有见过她的人都对她心存记忆，这就是她留给世间的珍贵东西。

应该对能带给人真善美、各种心理帮助或物质帮助的人采取正面的态度，善待这种对社会有比较大能量的人。

目前很多富有的人成立了慈善基金会，愿意为社会回馈自己的财富，这样很好。台湾有一位女法师，叫证严，在这方面做得很好。通过她个人的影响力，带动成百上千的人在全世界无私做奉献。她不分地区，不分宗教，不分肤色，哪里有灾难，她在哪里出现。特里莎修女是诺贝尔和平奖获得者，在全世界人心目中是个伟大的女性，她帮助了很多印度贫民窟的穷人，但只是帮助和她相同信仰的人，与证严法师相比就有她的局限性。我曾经听说过这样一件事情：台湾南部风灾后，很多原住民搬下山，“慈济”不但帮他们盖房子，还帮他们盖教堂，盖得非常漂亮，而这些受灾的人却说那上面是佛教团体的标志，不愿意住进去。证严法师理解他们的宗教信仰，就把慈济功德会盖的房子所有写“慈济”的标记全部去掉。

佛教徒的胸怀是最宽广的。无论是哪个种族、何种信仰，只要你是一个生命，他遇到了，就会用最大的能力去帮助。

我从来不要求人一定要选择什么宗教，我会把宗教的共同和不同的地方告诉他们。佛教有雄心，实际上在佛教里不是找爱，是找慈悲。爱的范围是很小的，最多就是爱自己喜欢的人。单纯的爱是很狭隘的，佛教里说慈悲是需要智慧的，慈悲是要去爱你不爱的人，对所有的人、一切众生一视同仁。相比慈悲，爱是有限的。

没有智慧，慈悲不了。如果我们没有慈悲，只是有爱，我们怎么对不喜欢的人慈悲？怎么付出爱？他跟我们完全不同，有不同的宗教信仰，与我们的行为准则、喜好等完全不一样，我们怎么去爱？慈悲是没有任何选择的。佛教里的那种大慈悲是用无私的智慧同理心去思维，不管你喜欢的人、不喜欢的人、跟你共同信仰的人、跟你非共同信仰的人，我们都要一视同仁，尊重他们每个人的生命。生命是平等的，生命平等不代表他的福报平等。有人是富人，有人是穷人，有人是高智商，有人智商稍低，但每个人生命的价值是平等的。爱是可以选择，慈悲是没有选择的。

我们有智慧才能无私，只有无私才能做到慈悲。如果有私心，只能做到爱，有爱，只能做到对自己认同的主义的信仰，爱是有限的。

第二章

人生怎么称得上富足

人到底如何才能称之为『贵』呢？应该是我们愿意把自己的金钱、知识和社会经验跟人分享，愿意真心去帮助那些需要帮助的人。感恩，不贪婪，就是心灵富贵的表现。

有钱非富贵

每个人都追求“富贵人生”,什么是富贵?不是穿名牌西装,开豪华跑车,抽雪茄,或者戴几个多少克拉的大钻,你就是富贵的人。有钱人并非都是富贵之人。

人到底如何才能称之为“贵”呢,怎样才能做到由富到贵呢?应该是我们愿意把自己的金钱、知识和社会经验跟他人分享,愿意真心去帮助那些需要帮助的人,做慈善的事业。在这些行为的过程中,我们自身的品质会慢慢提升。

我有一个叫“小蚂蚁”的弟子,汶川大地震的时候,我在电视里看到他带着几十个人从深圳到灾区来慰问。“小蚂蚁”自身是残障人士,手脚都萎缩了,平常自己连轮椅都推不动。我向一起看电视的朋友们炫耀说:你们看,这就是我的弟子,一个残障人士,看起来那么小不点,上下轮椅都要人抬着,却

带人从深圳跑到汶川做慈善，你们觉不觉得他是个巨人？身体高度残障，但是他内心非常富有。有时他也会倾诉他做善事别人不理解——你长成这样，需要人照顾，还去帮助别人——他也有他的痛苦。我就安慰他，很多人看起来身体是健康的，跟你讲这种话的就是精神上的残障。很多人就是靠自己的这种努力，从奉献当中得到了别人的尊敬。

像比尔·盖茨、李嘉诚等做慈善是人所共知的，一个人从"富"能转变到"贵"，会获得大众的尊敬。社会上很多不知名的人默默为他人奉献的也很多。在我们周围，有很多人自己家并不富有，工资很少，却愿意每个月抽出几天时间去养老院做义工，照顾老人，帮助那些残障人士，到公共场所做环保捡垃圾，很多年一直坚持。在这个过程中，他们的人格魅力就显现出来了。你说人家穷吗？一点也不穷。原本他可以花一天时间去赚钱的，为什么他不去呢？这就是他们人格高尚所在，也是他们生命富贵之处。

很多普通老百姓，甚至连正常工作都没有，但他们愿意腾出时间去帮助别人。像星期六星期日，别人在家看电视，或游山玩水、吃喝玩乐，他们把时间奉献出来，去扫垃圾，去医院照顾病人。他们难道没有家庭吗？也有家庭。他们这样做家人不反对吗？也反对。他们不是不懂得享受，他们也可以喝茶聊天、游山玩水，但是他们宁愿把时间奉献给社会上需要帮助的人，这种人虽然不富，但是心灵非常高贵。

美国有位动物学家叫珍古德博士，她把一辈子时间投入在照顾快要灭绝的猿猴身上，把猿猴当成家人，把照顾猿猴当成了事业。也有人在亚马逊河附近保护热带丛林的，中国也有很多人在沙漠里防沙种树。台湾的证严法师刚开始也是从带着几个徒弟做蜡烛卖蜡烛做起，到现在慈济会的慈善事业发展到了全世界各地。

在我们藏区，宗教人士义务帮人看病，义务辅导人的心灵，义务做婚庆……为什么他们在众人眼中越来越伟大，是因为他们的付出，老百姓受益了。富人真心付出财富，帮助他人，会变得高贵，穷人也一样可以高贵。我们那边有个小学校长，汉族人，放假期间他把藏族比较优秀的小孩接到自己家里，给他们吃住，给他们买衣服穿，在那边受教育。我们可以看到，偏远山区里这些民办老师，花了几十年的时间，工作待遇也没有解决，一方面是农民，一方面又是老师，而他们出于对这些孩子的热爱，对这片土地的热爱，宁愿付出他们一辈子的心血，教育出一批有品德的人才。这些人高贵吗？非常高贵。虽然他们自己家境贫寒，也许并非饱读诗书，但是他们非常伟大。

我觉得“富贵”这个词不单纯是钱财的问题，多少历史上的名人并不是钱财上的富有，但他们能够把思想流传下来，世世代代都能够享受他们给予我们的精神上的财富，他们在人们

心目中就很高贵。

所以，并不是说有钱了就是富贵。如果人们很知足，满足于所拥有的一些物质，感恩所拥有的一切，不贪婪，不掠夺社会资源，愿意与人分享自己的财富和快乐，就是真正的富贵。

为富岂能不仁

很多事情要分两方面来谈。我们中国人最大的一个毛病就是，总认为有人富裕了以后就应该去做一些利益大家的事。事实上，应不应该做什么是富人本人考虑的事，不应该是别人认为的事。所以现在就有很多人仇富。这种仇富心理是很片面的。一个人有能力，再加上周围人为他的付出和他自身的福报，他得到了很多财富。富裕以后他怎么样去做去付出,是他自己的事。一个乞丐不能理直气壮地要人家一定要把钱拿出来给他，不能说你有钱了，我是穷人你就必须分钱给我。

中国的现状是贫富不均，虽然为富者无论从道义上还是其他方面都需要有分享共赢这样高尚的理念，然而这种认识形成气候还需要时间。西方人讲，培养一个绅士要经过三代人的努力。财富的积累可能很快会完成，但一个人文化内涵的积淀却不是朝夕之间的事。财富换了，你的位置换了；财富增加了，不代表你的脑袋就换了。一个人要实现由富到贵的升华，还要因缘和合。要在得到以后，发自内心去感恩、付出，实实在在去做。

如果变成社会认为他应该去做，然后人们再用舆论强压给他们，这样效果会非常不好。因为很多富人不是内心想做，而是表面为了应付大家去做一些事情，不是心甘情愿。外界如果太强迫他们，富人们会更逆反，不但不承担社会责任，而且变本加厉地过自己的奢华生活。他们会想：你们认为我拥有了财富理所当然去帮助别人，即使做了也不会得到认可，那还不如我自己去享受的好。这些都是心智上不成熟的表现。

所以，整个社会要营造让富人心甘情愿去帮助人的氛围。

山西灵石著名的王家大院是清代建筑，占地八万平方米，有大小房屋两千多间，保存有许多完整的精美砖雕。我看了后非常感慨：这个建筑群已经过去几百年了，规模这么大而保存如此完整，非常少见；特别是那些砖雕，充满了儒家思想人生哲理的精髓，在动乱年代这些会被当成封建迷信的，这样的大户人家的房子很可能会被有仇富心态的人毁掉的。他们是怎么保存下来的呢？我非常好奇地问导游，导游告诉

我：王家不是普通的富人，是有德行的，是福德具备的人家。王家有当官的，有经商的，多少年以来王家人对街坊邻里一直都非常照顾，积了很多的德。不仅是王家的后代想尽办法保护大院，当地老百姓和政府也进行了保护，所以经历这么多年还保存这么完好。王家作为富人有德有仁义，换来百姓对他们的尊重，关系理顺了，生存环境自然也就和谐了。现代社会的很多所谓富人真应该学习王家是如何对周围的人做到宽厚仁慈，而普通人也应该有好的心态，尊重那些靠自己智慧和劳动获得财富的富人。

财富食物链

在佛教进入中国以前，中国没有“慈善”这个明确的概念。古代中国的人生理念中，光宗耀祖是最重要的。也就是说，一个人不管是在哪个地方，即便离开自己的家乡而后发财了，他最终的目的就是回到家乡，修造宗祠，扩建自己的房舍，救济左邻右舍，或者在难民来的时候开仓放谷等等，用这些方式来表示：自己是个善良人，能够为自己的祖先带来荣耀。这其中没有佛教那种慈悲付出的思想。直到佛教传入中国以后，才慢慢有了为了普罗大众要有慈悲胸怀的理念，才有了做慈善的人。

中国经历了各种动乱变迁，造成大家对财富分配不均衡的仇恨感，也导致了很多因为财富而起的革命。大家开始就财富的分配反省。一些人没有顾虑，没有所谓铁饭碗、金饭碗之说，他们生活不稳定又没有什么文化知识，却靠着大胆和韧劲，"下海"积累了财富。这些财富创造者看起来像草莽英雄。后来又有一些人靠知识和智慧也投入到了这个行列。所以我们发现，财富的拥有者们素质和人品参差不齐。

用"草莽英雄法"打拼江山，成功也容易，但因为没有足够的文化、法律等各种知识，当他拥有这些财富，就很容易得意忘形，花天酒地，极度挥霍，会以为金钱至上、金钱万能，就会去做一些对国家对社会有害的事，最后很多人变成了阶下囚。富豪变成阶下囚这种现象在中国最常见，富豪榜上滚动洗牌洗得最快的也是在中国。

财富人人都需要，但不能盲目索求，要认清自己在社会中的位置，才不至于有"唯财富马首是瞻"的想法而为难自己。追求财富的过程就像一个食物链的循环，有它自身的规律。

蚂蚁逻辑

我的好朋友孙博士曾经给我讲过蚂蚁的故事。

西方人对蚂蚁做过研究，发现一个蚁窝里大家分工非常明确：有 20% 左右的蚂蚁都不做事；而另外 80%的工蚁却不停地找食物、运送东西、打造蚁窝，忙得不可开交。于是研究人员特意把不做事的那 20% 的蚂蚁抓走。他们认为，这样只剩下 80%的勤劳蚂蚁了，只有劳动才是有价值的。过了不久，他们发现，蚁窝内部又有 20% 的蚂蚁在那儿不做事了。研究者们又把这些蚂蚁抓走了。再过一段时间，发现仍然还有 20% 的蚂蚁在那儿不干事。他们后来终于弄明白了原因：这些蚂蚁是在传送讯息，指挥工蚁完成很多复杂的工程，如搬运东西和建造蚁窝。这 20%的蚂蚁是在用脑子工作，是蚂蚁中的知识分子。他们的知识对整个蚁群产生非常重要的影响。这就是著名的“二八法则”，向人们揭示了一个真理，也就是投入与产出、努力和收获之间不是平衡的，少部分人起到关键作用，可能决定整个团体的盈亏与成败。也就是说，不同的人的劳动形式不一样，不同的人有不同的作用。

生活中 80% 的人往往都是盲从的，必须有 20% 的所谓知识分子、文化人或者宗教界人士来作引导。这些人看起来占少数，他们不一定用手脚去付出体力劳动，但他们用自己的大脑贡献智慧，价值体现就在于帮助 80%的人更好地劳动，大家共同创造财富。这就像一个食物链，你靠着我，我靠着你，彼此相互信赖，相互依存，如此不断循环，我们的财富生态圈才能良性发展。

我们现在最大的危机是，这个食物链是不完善的，讲理论的永远都是在讲理论，做事的人永远都在做事。所谓读了万卷书的人永远瞧不起行万里路的人，认为他们是莽夫，走路不用大脑；走了千里路的人反过来讥笑读书人迂与痴，读万卷书有什么用？我已经在实践了，你还在那儿读书，只是讲理论！所以，导致精神层面的内容都停留在口头教育上，没有实践到每个人的身上。这样产生的最大误区就是：假设有人不信轮回不信因果，很多人就会否定理论工作者们的研究成果。如果不信因果，有人就会这样想：我靠自己的努力得来了成果，我行我素，过完我这一辈子就好了，为什么要给不相干的人付出呢？我为什么要把财富给其他人分享呢？而假设一个人相信因果轮回，他就会认为自己的财富是由于大家付出努力得来的，就会想到：没有工人、员工的付出，那我怎么当老板？所以我要拿出一些收获去播种，分享给员工，员工就会再创造出更多果实。懂得了这种循环，懂得了种子和果实的关系，就知道互相感恩，不但珍惜今生，还要为来世播种。就像我今天播种明天收获、

春天播种秋天收成一样，这种循环就会让我们愿意去做很多善事，就会有充足富裕的人生。

如果没有宗教信仰，根本不相信因果，这辈子拼命用，用完拉倒，也完全不相信来世，那是很可怕的，很多人今生就有可能变成一无所有的穷光蛋。这样的人非常多。

所以，人积累财富也像生物链一样有它的内在规律，知道了这种规律，懂得了因果轮回，为富自然就可以做到仁了。

马尔康“最牛”乞丐

有一次，我带一个算是有钱的弟子到马尔康。中午十二点我们吃完饭，出了饭店看到有个乞丐，穿得脏兮兮的，背着个大行囊，坐在那儿，伸着脚丫子，懒洋洋地在晒太阳。

弟子说：“师父，那边有个要饭的，我去拿点钱给他。”于是他拿出十块钱给乞丐，那乞丐笑嘻嘻地看了一下：“我不要钱。”

弟子回来就和我说：“师父，给他十块钱他不要，我再多拿一点给他。”于是拿了一百块钱给他，这应该可以买很多食物了。谁知乞丐又说："我跟你讲过了，我不要钱，我不要！"

弟子又想：可能他是想要吃的吧？就回来拿了很多饼干、水果送去了。乞丐对他说："我也不要吃的，我吃饱了。我在这儿晒太阳，就觉得很舒服啦！"

我在一旁看着，不由得笑了。我对弟子说："你以为他是穷人啊，他反会觉得你莫名其妙！你没看过这么牛的乞丐吧？你给他钱他不要，给他吃的他说吃饱了，他才是富豪，他心里满满的。搞不好他正在跟佛菩萨祈祷呢——感谢佛菩萨带给他这么美好的阳光、这么美好的空气，让他这么自在地生活。"

人家虽然是乞丐，其实他心里没准觉得我们可怜——这么好的太阳我们却晒不着，虽然坐在车子里，享受不到这么好的阳光和空气，还得匆忙赶路啊！

金条买不到糌粑粥

我们知道钱是好东西，但是有时候钱也毫无用处。金条也是好东西，但是有人偏偏对此不屑一顾。小时候我爷爷给我讲

过一个故事。

在藏区，一个偏远的山区里，据说有古董，价值连城。因此有个商人进山了，走了一天的路，结果迷路了，乱走一遭，三天后饿得不行，终于找到一户烟囱冒烟的人家。这家人穷得家徒四壁，正在做的是用糌粑加奶渣煮的粥，这个很能让人吃饱的。然后他就进去了，要求这家主人卖碗粥给他，多少钱都愿意给。这家人说什么也不卖。正当他绝望的时候，主人就问他："你是饿了吗？"他说："是，我饿了。""那现在没有糌粑卖给你，你坐下跟我们一起吃吧！"他就坐下来，跟这家人把这一锅粥吃完了。他就问该给多少钱，主人讲："我们这个是不卖的，客人来了，我们没有卖食物给客人的习惯。你饿了你就吃，吃饱了你就走。"那个人临走留了一块金条给这家人。过了三年，解放了，开始土改分田地，那户人家被移到山下来了。有一天在街上偶遇那个汉族商人，原来解放后他参加工作，被派到那个地区。藏民一把抓住他的手："终于找到你了，你的东西还留在我那里，我得还给你。我一直帮你保存着，你走的时候没拿走，我不知道什么时候能够见到你再交给你，我守着这个东西很辛苦，我今天必须还给你，你在那里等着我回去拿！"藏民就回去把金条拿来，还给他。那人痛哭流涕："大哥你就收下吧！当时我饿得在山里面转悠，饿得没法时我咬金条，却当不了吃的，是你的粥救了我的命。这金条只不过是当时我表达感恩的一点心意而已，你就留下吧！”藏民说:“你拿走吧，我们从来不卖自己家里的食品，你是客人，你能来我们家吃饭，我们就已经很荣耀很高兴了，怎么可以还收你的钱？你不要让我一辈子难受。”

这个故事是我爷爷讲给我听的，爷爷就说，不要以为金条有多贵重（因为我们家里还算是富人，也有点金银东西）。这些东西，当你饥饿的时候，你是咬不动它的，一点用都没有。世界上还有比金钱更贵重的东西。

第三章

这世上的名和利

当我们真诚地去为别人付出，名自然就会来了。这不是为名而动，是为人而动。为了名声做广告，而广告的内容和实际不相符，就会引来一大堆骂名。

名声就是财富

财富,包括名和利。一个人从小到大会有很多愿望和追求,在众多的追求之中,就有对名和利的追求。

经常听到父母跟我们讲好话,说我们长得漂亮、长得帅、长得可爱、很会讲话、会穿着、很有礼貌等等。所有好听的正面的评价,我们都乐意去接受它。人都喜欢好的名声,排斥负面的信息。

为了让自己的"名"越来越好,我们愿意为此付出很多努力。于是我们努力地读书、工作,有一个美好的家庭,社会上越来越多的人认识我们。有的人还会做很多广告,就是要把自己的名推销出去,好的名声靠广而告之。有的人已经去世很多年了,他的名声依然被很多人熟知,比如像佛陀、孔子、老子、耶稣,他们都是流芳千古。

不同的民族都有英雄,他们都是给这个民族带来最大利益、贡献最多的有福报的人，尽管已经走了几千年，大家还在赞美他。不能否认，有名声真是一件好事，像那些偶像明星，一个言行举止就会招来许多回应,榜样的力量是无穷的。但是,“名”这种财富有的很短暂，在活着时，我们为名付出很多，甚至有时候失去了自我。

很多人为了拥有个好名声，不惜做很多事情。有的人去做慈善做好事得到了好名声。有的人本不是登山运动员，也会去登山，登的还是最高的珠穆朗玛峰，一旦登上这座山就可以对人炫耀自己登过世界上最高的山峰。

世界上很多人都是为名而生。其实，人类需要有“名”，这是正常的。而过度求名，为名而名，有的时候碍于面子，人们就开始伪装。有的人为了“名”改变性格：不是很善谈的人在很多场合假装很善谈，不慷慨的人假装很慷慨，道德修养不很好的人也伪装，伪装到最后是自己累，精神崩溃。

人们生存在伪装的环境里，久而久之，对自己的伪装习惯到没感觉了，也分辨不出别人是不是伪装了。现在的生活几乎是别人告诉我们“你应该怎么生活”了。打开电视，电视里告诉我们该买什么样的衣服、吃什么样的食物、用什么样的电器、应该有什么样的生活方式、买什么样的房子等。这些东西我们真的需要吗？不是。因为推销商要用一定的方式推销自己的产品，就包装产品来告诉大家：这是全世界最好的房子、最漂亮的衣服、最好的化妆品，反复推广，让人们去相信那是真实的。很多东西都经过了包装再推广出来给大家。时间久了，我们开始习惯并依赖这样精美的包装假象，对真正原装显得粗糙的东西，我们会怀疑它的价值，羞于拿出来示人。

人跟人之间也是这样。以前农业社会，人与人之间相处很单纯，无所求，大家相互接触很简单。到了都市生活，人们变得复杂起来，开始防范，生怕别人知道我们的缺点毛病、生存状态是富还是穷。我们总是掩饰自己，大部分时间都戴着假面具在和人相处。有时候，为了掩饰藏在心里的恐惧，还故意表现出我们的与众不同。

仔细想想，每个人在这个世界上或多或少会有点自卑感：总有人比我们的学问高，我们在某一方面是专家，不代表方方面面都是专家，总是有不擅长的部分。即使我们是像铁一样强，也总会在生活中遇到挫折，有不敢面对而伪装自己的时候，心里多少痛苦也不敢流露出来，怕别人看到自己的弱点和缺点。现代人的生存环境越来越差，很多人习惯包装自己，在工作中包装，在人际交往中包装，到了家里往往发现那些假面具我们已经脱不下来了，到最后在家人面前也隐藏自己……人与人之间的关系越来越冷漠。

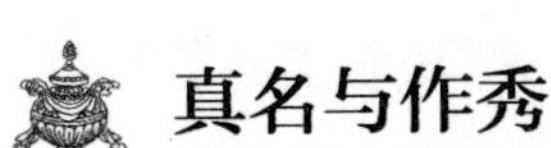

真名与作秀

真正的名，是为了让我们在这个世界上活得更有意义；让名声越来越好，我们应该为此而努力。现在很多人造作，为了得到好的名而去作秀。比如有的人不是真的喜欢环保事业，因为环保人士受人尊敬，就去作秀。有时候我们也要反过来想：如果他作秀是为了让更多人知道他做的这件事是好事，也没什么不好。有很多名人为了作秀会去做慈善事业，只要有镁光灯的地方他就做得非常好，捐款捐物；如果没有镁光灯，没有媒体报道，没有领导参加，就一毛不拔。有镁光灯照着他，他为了名声，愿意去作秀。我们经常看到有媒体参与的捐款活动，本来可能只捐一百块的人都愿意捐几万块钱。

作秀本身对不对？当然不对。人与人之间应该坦诚，应该用心地去做这些事，应该用平常心对待名声。但世上的事情没有绝对的，常常是好事中留有不完善，坏事中也有值得称道的地方。

有时候，有人有目的地作秀，也让别人得到了好处。汶川大地震有很多次捐款活动，本来愿意捐几百万几千万的人，看到领导出来了，镁光灯打过来，媒体来采访，愿意捐上亿了。这样也很好，他作秀了，把钱财捐献出去了，别人也受益了。

所以,作秀不是一无是处,我们不能一味批评,该赞美的就赞美。

当然，人总是有缺点的，喜欢作秀的人应该反省一下自己的行为，应该是不管有没有镁光灯，不管有没有领导的表扬，都要很用心地做事，这样会过得越来越快乐，内心也会越来越自由。有了这种心态，我们就不难理解，为什么有那么多慈善家自己好好的事业不做,愿意跑到偏远地区,猫在那儿,盖小学、盖房子、打井，做慈善比做自己的事业时要快乐得多。这是因为,他得到了真正的名利。真正的名是他发自内心对自己肯定,对自己所作所为的认可。名不外求，缘于内心。这种名是他发自内心认为自己是做了有意义的事了。如果捐出了一个亿，而内心是虚的，不知道自己为什么捐，仅仅为了作秀，回头又舍不得了，那人们怎么把大慈善家的头衔给你呢？如果是心中有愧，心虚，不是真的想为慈善而捐钱，只是为了名声，心里反而不快乐。如果发自内心，捐钱给别人，因此而名声在外，那样你内心就会坦荡，就觉得快乐和踏实。

做慈善，也要学会做一些必要的包装。一个产品，不经任何包装地放在那儿，和用精美的盒子装起来放在那儿，给人的感觉是不一样的。许多人会被包装精美的东西所吸引，因吸引而选择。其实，包装过的和没有包装的是一个东西。很多时候适当包装也是需要的。人和人的交往中要注意方式方法，也就是要对言行适当包装。这种包装是建立在我们起心动念真正为

别人着想的基础上。如果我们真正为他人着想，再加上得体的穿着和谈吐，用这样从内到外的包装去做事，被人赞扬，有了这样的名声，就会一直乐于做慈善了。如果是为了名声，刻意为了得到赞扬去做事，坚持一次两次还可以，去做十次二十次就会不耐烦了，再往后可能就会露出马脚，现出真面目。所以，真正的名，一定是我们真诚付出后才能得到的。只有这样，才会赢得别人真正的尊敬。

汶川大地震中那些抗震救灾的军人很让我们心有触动。当时在马尔康，看到过来一批又一批的战士，都很年轻，只有二十几岁。灾区离马尔康不远，是什么样的路，是什么样的恶劣环境，我们太熟悉了。好几次我们送部队去往灾区，都会准备一些水果、干粮给他们，每次都很心痛。我们心里先默默地为这些战士祈祷，在那么恶劣的环境下，希望他们能够平安地出来。我们是人，他们也是人，那么惨不忍睹的场面，那些战士一下子就进去了。而且灾区余震不断，随时都有生命危险。那个时候我心里就想：他们是哪里有难就往哪里冲。我们每天都在讲要普度众生，如果让我们往地震灾区冲，即使有这份心也不一定有这个体力，所以那时我对那些救灾英雄无比崇敬。这些人就应该被赞美，他们付出了那么多，不惜牺牲，如果他们不被赞美，谁该被赞美啊！

所以，当我们真诚地去为别人付出，名自然就会来了。那种发自内心为别人而做的行动，为什么总是被别人赞美？因为这不是为名而动，是为人而动。

名至实归

有些人太看重自己的名声了，得到了怕失去，思想挣扎，甚至不惜作假。有些人沽名钓誉，制造假消息，搞假慈善，还说些口是心非的大道理。一想到自己的行为，这些人会心虚。不需要别人给你报应，报应自然而然就会产生。

名声这种财富，是随着真正付出自然得到的，不是刻意包装出来的。为了名声做广告，而广告的内容和实际不相符，就会引来一大堆骂名。而人的名声或产品要是非常好，也不需要专门去做广告。有时候是过了广告时间，不再做了，别人还会主动为你做推广。所以，有个好的品质和名声，就是一种财富。当人有名的时候，大家都喜欢锦上添花；当人没有名声的时候，一个小人物从乡下来到都市，谁能轻易就给他一个好工作呢？他没有名，没有人认识他，没有人马上给他好机会。他勤恳努

力地工作，慢慢做成功了，从一个打工者、外来人变成了城市的主人，或者是拥有公司变成老板，名利双收的时候，这时不需要他去求别人干什么，别人反过来主动来找他，银行也会主动借钱给他。

有的人有了名声有了权力，就沾沾自喜、傲慢，甚至滥用自己的名声和权力。很多人本来身居高位，受人尊重，因为没有维护好自己的名声，因为贪婪的欲望和不必要的名利沦为阶下囚，很不值得。也有很多人，身居高位而清廉一辈子，睡觉睡得安安稳稳。我有个朋友，夫妻俩官做得都不小，都因清廉而出名。所有人都赞美他们，他们一辈子都这样。有一次我问他："你在这个位置，有那么多机会可以赚外快，没有想到去赚一点吗？"他说："活佛，我喜欢睡个好觉。国家给我的工资足够我吃喝了。再多，我拿来不知道该干什么。我已经很满足，很感恩了。剩下的就是该努力工作、安稳睡觉。"追求内心坦荡，睡得安稳，不做噩梦，这是多么有智慧的人啊！

有些人，从官场退下来，因为习惯了以前的门庭若市，听惯了大家的恭维，突然没有人上门了，就升起了自卑感，老得很快，很快就显现出全身的疾病。我的一个朋友讲过一个故事，他有一个战友，退休前一直想升职，最后没能升，退休后就每日闷闷不乐，很快就生病了。原来的老首长来看他，老首长是一个中将，就和他讲："你有什么烦恼啊，就因为没得到少将？

什么少将中将，现在大家不都一起搓麻将嘛，有什么好计较的！”听完这番话以后，他想通了。官做得再大，总有退休的时候；即使是不退休，千军万马由你调遣，病了就有最好的医生为你治疗，你总归还是要死吧？人死了，最后全化成了灰，再有名，权再大，位再高，都没有什么好计较的。

在演艺圈也是这样。很多演员走红时，收获了很多鲜花和掌声，大家把他捧到天上。但等有新人了，后浪也就来了，前浪就该被推到沙滩上了。这个时候，有的人就很不甘心，精神空虚，玩一些极限游戏，甚至吸毒，干坏事，人一味颓废下去。

名声有那么重要吗？没有名就那么严重吗？实际上是自己看不开。名利终归也不过是过眼烟云，重要的是要先让自己拥有心灵智慧这种财富。而如果缺乏信仰的支持，心灵财富就不够圆满。没有智慧看待处理名声，我们也就会被名声所累。

当我们拥有心灵的智慧财富，如果名声、财富、权力都得到了，那很好。这时我们就可以运用这些外在的财富管理别人，在管理别人的过程中可以为了让别人更好地享受生活、享受生命而去付出，也可以让社会因为你使用了这些权力而变得越来越美好。这样的例子有很多。世界上很多伟大的人，因为他们有伟大的理想，让一个国家的面貌发生了很大改变，让大家过上幸福富裕的日子。二十世纪七十年代末，领导人转变思路，中国实行改革开放，经过人民三十年的努力，社会日趋和谐。

人们可以自由选择自己的生活方式，宗教信仰也自由，物质文化生活得到了极大改善。

所以，名利固然能给我们带来荣耀，但智慧的头脑、平静的心态同样重要。名利在，我们尽力为己为人多创造财富；名利不在，乐得洒脱自在，没什么不好。

利随名往

在拥有名利后，一定要懂得分享。特别是要用自己的“名”多做一些有利于大众的事，尽量让“名”产生更多效应。

同样的事情，一个有名的人做和一个没名的人做，结果大不一样。名人呼吁环保，带头做慈善事业，可能就会在社会上刮起环保和慈善的旋风。

说话也是如此。一个做领导的讲一句话就会起很大反响，可以发动老百姓都跟着做；一个老百姓就是讲几万句话也不会有什么明显作用，势微力薄。如果带头的名人有权力，又具备才智，就会兴邦，为我们带来祥瑞、安宁、和谐。

小到一个家庭也如此，我们每一个人都应该在家庭中做一个好人、一个有声名的人。《大学》中讲“修身齐家治国平天下”，修好自己的道德品行是管理家庭管理社会的基础。如果公公婆婆说你好，爷爷奶奶说你很孝顺，儿女说你是好爸爸好妈妈，兄弟姐妹也说你很称职，到了社区，大家都说你是一个不错的人，说明你把自己的名声维护得很好，运用得很好。也就是说，假如一百个人里有六十个人说你好，实际上就已经非常好了。我们不可能让一百个人都说好，世界上没有完美的人。

名利是一种财富，而如果把握不好，最容易让我们走向偏路的财富也是名利。妥善而有智慧地运用名利，会给社会带来正效应，是非常好的。名利本身不是什么坏东西，一个人所做的事是正面的，他的名声就需要传播，不管是口口相传还是通过媒体，就像我们佛教徒一直传诵菩萨的精神，代代传，已经传了 2500 年，还在传扬他们利益众生的美妙故事。实际上，一个人只要有了名，利大部分是追随着的，有了名就产生了利。

至于负面名声，传播得也会特别快。古人讲“好事不出门，坏事传千里”，是非的东西传得比较快。现在媒体高度发达，所有的八卦消息、娱乐新闻传播特别快。任何人的事情，报道都可以把它八卦化，为了收视率甚至可以丑化，但我们不能就此否认媒体的传播作用。这些并不代表是错的，有些事情你不

去传播它就没有人知道，你要传播它，就像看一件东西一样，说这个东西好，必须把这个东西好处在哪儿放大说。这个东西里有好的那一面，你放大来讲，是好事。比如火，火可以带来温暖，可以做饭烧水，可以发电，火的功能形形色色，我们在讲火的功能时也要告诉人火也可以摧毁一切、火可能烧伤人等不好的作用。这样我的传播才是负责任的、有效的。

能够把正面的传播出去，把负面的也客观呈现，优缺点一并传播，这是好事。现在最可怕的是什么呢？对本身不具备的功能效果作虚假宣传。我们打开电视，上面卖的东西，医疗器材、热炒的养生课，都跟保健有关系，好像有了这些，我们就不需要其他药品了——为了吹捧其功能，习惯性地把某一种东西称为万能的。我们讲佛教的，都认为佛教是最好的，但从来没有说过佛教适合所有人来信仰来修持，也没有用以引导所有的人。佛教不是万能的，这个世界没有万能的事物。有位西藏高僧讲过：宗教就像超市，人们进去寻找他需要的东西。佛陀时代有很多人信佛，也有很多人不信佛，甚至反对佛。这个世界上没有一件东西能适合所有人。赞誉过度就会有负面效应。

我们现在很多媒体，包括专家，经常误导人。你把眼睛睁大一点、清醒一点，可以看到很多怪相：骗人的养生书满街都是，专家学者和明星在电视上做虚假宣传。骗人的养生书是谁出版的？为什么出版之前没有让真正的医疗专家来鉴定一下其科学性？这不是小事，是对人体产生直接影响的。电视也好，平面媒体也好，应该保持最基本的良知，虚假宣传一旦出来了，伤害的是大多数百姓的利益。一个出版社、一个公共媒体，想出版或者宣传这些东西，要把好关；如果没有做到，危害是无穷的。

什么东西都要实事求是。得到名利，如果是用正当的方式，你就不会失去得那么快，而且你也不会太在乎别人是不是把这些名给了你。所谓这些名利你得到了，到底你在谁的面前有名时才算有名呢？这边的人认识你，那边的不一定认识你——我们有一次去好莱坞，见到一位大帅哥，后来才知道他原来是个全世界出名的大明星，当时握着我们的手一直说“扎西德勒”，最后问我们认不认识他是谁，我们没有人认识他，最后他垂头丧气，因为他的名气没有产生一点作用。就像唱歌的人，不管是多有名的歌星，在不喜欢听歌或者不喜欢听他唱的那类歌曲的人来讲，就不会关注他。这时候，真的需要我们及时调整心态，因为名气有多大，真的不仅仅是靠努力，还有相当一部分靠福报，靠前世的积累。

守住名利靠智慧

一个人有名很简单，怎么去守住这个名气则很难。一个明星，在舞台上一部接着一部表演，或是一个演唱会接着一个演唱会，如果不是天天有新的东西，可能很快从大众视野里消失。拥有美好的名声不容易，拥有之后怎么能够守住更困难。为什么前人讲“赚钱靠聪明，花钱靠智慧”？守住名利也要靠智慧。

一个人有名，也不可能人人都来赞美，时常会遭遇到一些负面的诽谤和误解。首先要观察自己：人家讲的错误你到底有没有犯，如果有，那人家讲的是对的，你有什么好不高兴的？人家讲的是事实。如果你观察了，没有这些事，你觉得不应该、不甘愿，而嘴巴长在人家身上，你能管得住别人对你的看法吗？有一百个人喜欢你，也可以有一千个人不喜欢你啊！有一千个喜欢你的理由，也有一千个不喜欢你的理由。佛教里讲，大地到处有刺脚的石头，你不能说“我用胶皮把整个大地都盖住”，这是做不到的，而你自己穿上鞋不就行了吗？你不能把说你坏话的人都消灭，古代国王有这样干的，但消灭不完——越想消灭，说他坏话的人越多，欲盖弥彰。所以守住名利还要靠自己的坦荡。再者，做名人哪能避免被人说呢！被人讲是正常的，不被人讲才是不正常。能保证对人家的话“有则改之，无则加勉”，变攻击为动力，也是件愉悦的事情。那样不用恼怒，反而要感恩他们的关注，时间久了，清者自清，对比之下，更突显了你的品格，岂不是因“祸”得福！

冷静应对名利无常

人生无常，在奋斗过程中会有很多起起伏伏，未雨绸缪是必要的。顺境的时候多想逆境，逆境的时候要多想顺境，富贵的时候多想想穷人，穷的时候多想想也许有一天自己能变得富有。经常用“自他交换”的方式，多站在别人的立场，从不同角度去思考，我们就不会觉得自己在这个世界上是独一无二的，我们的角色任何人都在同时扮演。我们不会是这个世界上最惨的，我们也不可能是这个世界上最好的，总有比我们更强的或比我们更惨的人在。防患于未然大家都要做，当我们再遇到困难，也许我们会因为有这样的防范，日子过得越来越好，一直延续下去，也是非常好的。当我们遇到其他不如意不顺心的时候，我们不会不甘愿，也不会觉得天塌下来了，不会觉得自己

怎么就这么倒霉，我们能够坦然面对它，因为我们早就有思想准备了，我们已经准备好了面对这一切的方式方法。

这个“自他交换”就是调试人的好心态的一种方法。也就是说，我们穷的时候能够理解富有，而我们富有的时候也能够理解贫穷。

在我们核心财富中，生命是最重要的。我们不断地完善生命财富，会遇到很多生活上的事。比如现在信息发达，传播渠道特别广，良莠不齐，鱼目混珠，好的坏的一起来了，如何筛选？这个对人的辨别能力要求是很高的。要去辨别这个很难，网络这么发达，信息多元化，没有什么太好的规律可循的。就像遇到恶劣天气，乱成一团，必须要增强自己内心的免疫力。

宗教人士的道德信仰普遍来讲比较高，自我约束的道德能力普遍高，以德服人。有许多人愿意跟宗教人士谈问题，非常信任宗教人士，会说一些没法跟别人说的话。我会把自己的经验或者我接触的形形色色的一些案例中对他有帮助的部分告诉他。我们绝对不会传播别人的心事，即便会点到这件事情，也绝对避免让大家知道是这个人。这是很多媒体做不到的。

其实并不是我们多厉害，而是我们的信仰约束了我们，不能有太多的是非。我们有一个戒律叫“不绮语”，你不能把别人的是非当成娱乐讲出来。所以要以德服人，别人才能特别尊重你。一般来讲，人的道德越高，对自己内心的约束会越多。莲花生大师讲过：见比虚空高，取舍因果较粉细。你的见解、你的思想如天一样高，那么你做事情的分寸就像面粉的粒一样细。你对因果要仔细，不能马虎。职位越高，名气越大，经常认为有特权而忽略了很多东西。莲花生大师讲的就是：你的权力越高，你的思想境界越高，很多细微的事情要观察得更细。你官做得越大，你做的事要比老百姓还老百姓，就这么一个概念。

我也有观察不到位的时候，有疏忽。曾经有个人拿了一张照片给我，是他跟一个女孩子很亲密的一张照片，说："请你观察一下我们的前世今生。"我跟他讲，我不懂得观察什么前世今生，我只是教佛法，不懂得算命。我直接把照片退给了他。过了一会儿，他告诉我，照片上的那个女孩实际上已经往生了，而且是因为救人而走的。听了这番话，我觉得很不好意思。其实我可以不那么快回绝人家，虽然他问我的方式我不太喜欢。我就反省自己：我为什么不能把人家的照片拿过来看一看，先慢慢聊，再告诉人家其实我还是能告诉他一些佛法的。当时知道情况以后我马上跟他讲："你把照片交给我，我拿到寺庙去做超度，这样的好人虽然生命短暂，一辈子有这么多人记得、那么多人赞美她，肯定会求得到很好的地方去。这个你放心，说不定她会移民去西方极乐世界呢。你应该为她是为了救人而往生而感到自豪，你有一个这么好的女朋友……"这么

开导他，他也很开心。

人生活到一定的阶段通常会注重生命的修炼。所以把握时间财富，不要让自己过多停留在对过去的回忆上，浪费时间，对我们的心情没有帮助。多留一点时间对自己好，哪怕是得到短暂的一点点快乐，你都应该去把握。为明天去想一想，但是很多事情你不用想那么细。

对没来到的事不要想太多

我们藏族流传着这样一个故事，叫“骡子的腰要折断了”，讲的就是这个道理。骡子力气很大，一般来讲要驮运什么东西，骡子很实用。有一家赚了一点小钱，然后商量买个骡子来驮运东西，太太就问是买公的还是买母的，先生说买母的比较好，因为母的会生小的。太太就说不要了，生小的我们也养不起。这时他们的大儿子就开口了，生了小骡子，我要先骑着到处跑。二儿子听了很不高兴，对哥哥说，你骑着到处跑那我怎么办呢。两人为了到底谁骑小骡子的事争执不下，最后商定两个人一起骑。父母又不乐意了，小骡子两个人一起骑，把它腰给压折了，那长大了怎么用。全家人就吵成一团，这时候来了一个亲戚，问你们争什么。他们就说在争到底该买一头母骡子还是公骡子，生了小的怎么办。那个亲戚就说不用争，骡子本就不会生小骡子的。

在没有认清这个事实真相之前不要想太多，对没有来到的事情不要想太多。有些事情不会因为我们的想法运转。我们可以这样去设计它，可以照这样的方向去努力，但最后的结果成为什么样，不是我们现在用想象就可以想象出来的。这个世界很多事情是很复杂的，我们不要花太多时间在一些还看不到结果的假设上，做无用的想象。

聪明人一般谋略很深，比较喜欢算来算去。我们藏族人有个谚语：聪明的猴子什么都会，只是不懂得解开自己打下的结。一般来讲，无私一点，人就会有智慧了，如果自私地聪明，最后聪明反被聪明误。把聪明转化成智慧，不要太自私，不要谋略算计，不要以为自己聪明能干、才华横溢……有些人我们根本不用说服他，他本身就是倒扣过来的杯子了，什么水也留不住的，你只能用水滋润一下，他哪天要想通了，自己把杯子翻过来就行了。这种人，你越往下压，他会越跳得高，就是害怕别人看到其弱点。

幸福的心态

在这个世界上，一个人唯一能拥有的、能独立享受的就是我们的躯壳、我们的身体。身体哪个部分是我们的呢？人从头到脚都是细菌，不同的细胞生存着，我们只不过是躯壳的一个主导者。我们主导也有限，不能完全控制身体的器官和有生命的细胞，一旦有好歹，即让我们的身体出毛病。

佛教两千多年前就告诉人们：人本身就是一个宇宙。那时谁都不会相信。现在我们用显微镜看看自己的手就知道了，看到我们手上有无数个细菌在，看到那么多生命顺着我们的喉咙下到肚子里，人都不愿意吃饭，会被吓死的。还好，我们的眼睛不像显微镜那么犀利，我们的耳朵也没有雷达那么灵敏。人如果不是迟钝，早就没有办法在世界上生存了，所以迟钝有迟钝的好处。

既然如此，我们就要这样思考：既然连最值得我们掌控的、最宝贵的身体，每一分每一秒细胞都一直在老化、退化、死亡，我们多一分钟都留不住它，一直在消失当中，最值得珍惜的命我们都不能完全维持，别的又算什么呢？

大家一起坐在这里，每个人都是平等的。如果我指着一个人说，这几天我们这些活动，你就是我们的队长了，一宣布，大家就觉得他有权力管我们了，他也觉得自己有权力管大家。你觉得这两者的差别在哪儿？这是他的信心产生了，我没有给他权力，大家也没有给他权力，可是他给自己信心了。我们通过什么呢？某权威的人告诉说，现在已经推选他了。这时候他的行为变得很重要，他的行为准则是能够让我们模仿的，他是以身作则的，他这个队长就越当越像样，人人都会很敬佩。

他在当队长之前，跟大家一样，讲话谁也不愿意听，他也没有自信去讲话；等他是队长后，讲话的时候他很自信。比如美国选举，一个人昨天还普普通通的，通过选举他可能变成总统变成国会议员了，当投票结果越来越接近他当选的高度时，他的那种雄心霸气就产生出来了。佛陀告诉我们，每个众生都有觉悟的本性，只是我们自己不知道。就像每个美国人本都有机会去当总统，但没有人告诉他，也没有这个胆量去竞选，大家把自己当成平民，没有发现自己的潜能。

一个人努力地拥有权力，到了顶峰也就维持几年。顶峰过去以后，你不下来，人家也会拖你下来；即使没有人让你下来，最后也得老死。历代多少拥有千军万马的英雄豪杰，最后也不过是黄沙埋枯骨；活着时长得英俊美丽，人见人爱，死了后就没有人愿意去靠近了，这个时候它既不是俊男也不是美女，而是一具尸体。

很多时候我们都不会去这样想，执著得不行。活着的时候，别人斜眼看我们都不行，语言刺耳一点也会很在乎。有什么好执著的？实际上，人死了就变成人们不愿意靠近的东西了。所以，人要学会拥有过程。正确认识拥有，拥有过程才是一件很幸福的事。

如果一个人的目标是拥有一百万，当他拥有一百万时他就会很高兴，几天后他就会担心这一百万怎么维持下去——放在银行，会随着通货膨胀贬值，必须得让它保值增值，这就必须得做功课，跟平常所做的功课是一样的；拿出来投资呢，就又要当心会不会被别人骗、有没有回报率。所以，每个人拥有以后，痛苦还是一样会延续。钱越多，痛苦也会越多。

很多关在牢房里的诈骗犯，以前是富豪。他们很多都不是真正行骗，而是他把生意做大了以后，本来有一千万的能力却做五千万的事情，有五千万、一亿了又做了两三亿的工作，他有两个亿时又做十亿的事，钱都是从银行借来的。谁能担保自己的事业永远不停地会赚钱？全世界有这样的行业吗？没有。所以，有一天自己的事业不赚钱了，银行的利息还得交。如果交不了，银行就开始追诉你，再不交就拍卖你的房子，拍卖完了还不够填窟窿，富豪就沦为诈骗犯、阶下囚了。所以，很多富豪很可怜，控制不住自己的欲望，以为自己拥有之后从此就不会失去了，才造成了这样的结果。

很多官员得到权力，也认为官位是稳当的，不会掉下来，于是就滥用职权，以权谋私，胡作非为。他没有意识到，他的权力是因为人们信任他而授予他的，如果不珍惜就会声名狼藉，什么都没有了。我们所拥有的财富也只是暂时汇集起来登记在我们的名下。任何一个拥有者都绝对不会永恒，不管你是富豪还是官员，还是其他有能力的人，我们都仅仅是拥有一个使用权而已。

既然只能拥有使用权，就要学会不执著自己所拥有的这一切，重在享受过程，珍惜福报。毕竟，我们在努力以后能够拥有，说明我们福报还不错，比别人更有聪明才智，能够完美地处理一些事情；我们把自己累积的福报拿出来和更多的人分享，这样就会有更多的力量产生出来，也就是保护了我们自己。

所以，我们得到时就要开始学会舍。实际上，把我们的所得分散出去以后，反而会得到更多。

第四章

物欲横流下，心灵须环保

我们拥有财富，非常需要内心的环保，这要从控制自己的贪婪做起。人们的贪婪和憎恨心让世界上很多地方不平静，人与人之间的关系也变得冷漠。

心是真正的家园

如果只关注人的长寿、健康、平安、祥和等，而忽略对外在的大自然、养育我们所有生命的母亲——地球的珍惜和呵护，一切将是空谈。现在很多人都非常关注环保问题，为生存环境被污染、自然被破坏造成的后果震撼。到底是谁让大自然受到无情的伤害而出现如此严重问题？最后发现，罪魁祸首是人类自己。佛教提倡时常反省自己的行为，细想想，就是我们的行为、言语、思维对大地造成如此的伤害。莫要单单怪罪于工业的发达对社会造成伤害，我们应该观察一下内心，心灵环保才是重中之重——每个人如果都能从内心深处去反省，很多事情就容易解决。

从古到今，在所有生命体中人类是高级动物。人认为自己的智商比其他动物高，常以万物主宰自居。人类的自控能力往

往很差，常常利用自己的优势，一次又一次地伤害大自然。

我们现在做环保，首先要从观察自己起心动念开始，要从人类本身的基本需求出发，看一看我们能用的、可以用的到底有多少，人类的欲望是不是太过膨胀。

其实，不管是物质还是其他方面，我们真正需要的并不多；但是，由于我们的欲望不断膨胀，人们认为自己需要的东西太多。比如人类大规模砍伐森林，破坏了许多不可再生资源。结果，很多地区气候变得干旱，因为干旱又造成食品匮乏、水源减少。比如食物，享用大地给我们的蔬菜水果、五谷杂粮，就可满足我们的需求了。但就是因为人类欲望膨胀，为了味觉的贪婪，伤害了很多其他生物。很多人为了贪欲杀死珍贵的动物如豹、虎、貂等。像海里的大鲨鱼身上仅有两只鳍，因为人要吃鱼翅，就把鲨鱼杀死。这些东西真的对身体补给很重要吗？不一定。这些东西我们即使不吃也不会对我们有妨碍，吃了也不会有太多帮助。这样的行为是可以禁止的，我们没必要贪得无厌。

由于一些人的贪欲膨胀，最严重的是还引起了战争。一些贪婪商人，不惜用重金去收买政府发动战争，好从中大发横财。如中东地区经常会爆发一些为掠夺石油矿产等资源而起的战争，给人们带来无尽的灾难。残酷的战争使很多人失去了家园、亲人，甚至失去了赖以生存的土地。目前全世界还有上亿人饮食问题没解决，连住的地方都没有。

每个人应该先从自己内心深处反省：到底我们吃的、用的、住的需要多少？如果我们现在有多余的钱粮，能不能往外施舍给更需要帮助的人？在中国，还有接近一亿人温饱有问题，富人能不能给处于贫困线以下的百姓更多的帮助？毕竟国家力量还是有限的。

我们不要忽视心的能量，它不应只懂向外索取，它还有更美好的创造力，只是不容易被人察觉。大家都知道日本科学家对水所做的实验吧？当我们用心对水发出美好的愿望时，水的模样（结晶）发生了惊人的变化，这就是心的能量。可以想象，如果人类能够改变自己的心念，将它用于周围的万事万物，环境的改变不是没有可能。

佛法是净化心灵的甘露

净化心灵就要从控制自己的贪欲做起。我们先要观察自己的憎恨心。全世界很多的战争，刚开始也许是由于贪婪造成被

掠夺的人对掠夺者不满，被掠夺者产生了憎恨心，这些恶念唆使人们由被侵略者再变成侵略者，于是世界上很多地方像火药库一样，成千上万的人因此失去生命。

人们的贪欲和憎恨心让世界上很多地方充满了戾气，因为资源的有限性，人们相互竞争，人与人之间的关系也变得冷漠。俗话说“远亲不如近邻，近邻不如对门”，以前一个村庄里大家都彼此认识，有人需要帮助，大家都能伸出手；现在一栋楼里，门对门都不相往来。人们把自己锁在铁笼子里，过着事不关己、高高挂起的生活，实际上是极不正常的现象。一个社会的资源是有限的，人们各司其职、各安其所，才能有效利用资源，发展经济、保护环境。但现在人们的心变化了，很多生长在农村的人，本来务农游牧也不错，却向往城市生活，纷纷往城里挤，城市人口越来越多，工作机会有限，于是大家尔虞我诈，整天琢磨把别人斗下去，然后自己上位，不再有那种“我扶持你上去，你拉我上去”的想法。过去那种胸襟在现代社会缺得太多。

随着社会的进步，财富分配方式不一样了，权力的分配也不一样。人的贪欲慢慢增长，面对财富不同的人表现出了不同的心态，普通人会对拥有者产生妒忌，拥有者会对普通人生出傲慢之心，种种负面心态构成了现代人烦恼的根源，也就是佛法中的贪嗔痴慢疑。以佛法的慈悲和宽容去化解这些负面心态才是协调各种利益与关系的最好方法。

人如果有信仰,就会反省:是什么原因让我现在这么贫穷?

一种情况是自己没有努力,另一种情况是自己努力了,也尽了所有的方式方法,天时地利人和都具备了,收成还只有这么多,也不会心有不甘。像靠天吃饭的农民,为了收获,辛勤播种,尽力保护自己的庄稼,但最后因为旱或者涝,收成不尽如人意,心态也会平和。很多人内心充满了妄想执著,没有信仰,没有敬畏,不知道财富的累积是努力得来的,只用妒忌的心去看待旁人,实际上这也是心灵不健康的表现。

仇富心态就一种心灵不健康的表现。

有的人用绑架、伤害、偷盗等方式,去掠夺资源和财富。有的人已经富有还不满足,偷税漏税、诈骗违规,想方设法让自己的财富变得更多。有的人拥有了更多的财富,还不知足,还想办法要拥有更多的权力,甚至组织黑社会、流氓团体,欺行霸市。

心灵上的不健康,往往是因为缺乏信仰,特别是没有因果观念造成的。

佛教讲的因果观念就是一种循环。如果我们要播种,必须要准备种子;如果土壤肥沃,它就是果实最好的营养。播种优良的谷物种子,得到的肯定就是优质的五谷杂粮;播种的是带毒的种子,得到的就是有毒的粮食。

平常生活中的处事方法和播种一个道理，很多人喜欢怀着善念去做事，用自己的良心、道德标准、奉公守法去做事，其结果往往也是好的。

经常能反省，也就是能够给自己心灵做环保。如果每天都清洗内心和思想，就会懂得如何用言语表达才不会对别人造成伤害，才会规范自己的行为，让自己得体自然。而有的人由于贪嗔痴造下恶业，一天到晚全是不好的念头，贪图美食金钱或与人相争、嗔恨别人，到头来疾病缠身，折福短命。

心灵环保需要从点点滴滴做起，从自我做起。

首先要做到的是对环境的保护。我们使用现代机械要尽量少，要提倡低碳生活。用电、开车，要尽量节约。心灵环保，从自己开始播种很重要，约束自己不去贪，就可能不伤害野生动物，不砍伐森林，不过度摄取资源。

作为我们宗教人士来说，佛法是净化心灵的良药。两千多年以来，佛教对净化人们心灵起了很大的作用。佛教讲众生平等。佛教说的为众生服务，不仅仅限于人类，对所有的动物也是如此。真正的佛教徒，只要温饱问题解决了，就能够安然满足。

虽然不一定每个人都要去信仰佛法，但佛法就像是对我们心灵有用的健康食品一样，我们还是应该有所了解。

佛教提倡人要有慈悲心，一般是先从自己身上反省而不是说别人。现实生活中我们最大的毛病，往往是不管外在环保还是心灵净化，都是先指责别人的缺点错误，而不是先从净化自己内心做起。比如你释放的气体多了，我的少；你砍的树比我多，我种的树比你多；你脾气不好，我脾气比你好；你贪心比我大，因为我只贪了一个，你贪了两个……

约束我们的贪婪，就会不同。以前一个人要买十双鞋，现在减少到五双，能不能再减少到两双呢？有两双鞋穿是正常的。全世界还有很多人没有鞋穿，没有衣服穿，食物不够吃。我们约束自己的欲望，可以不去吃鱼翅，把吃鱼翅鲍鱼的钱拿来送给穷人，让穷人有饭吃。我们这样做，得到的赞美，受益无穷。人如果没有信仰，随时可能因为贪念和憎恨生起妒忌和傲慢。很多时候，人因为贪念、憎恨、妒忌，挑起冲突，发动战争。有人为抢手机杀人，有的人为抢钱绑票还撕票。可悲的是，很多人不是因为穷去做坏事，是因为别人花钱雇用了他。以前四川还发生过这样一件事：有几个年轻人在路上走着走着就被人捅死了，公安人员审讯凶手为什么要这样做，他们就说看着那些人走路的样子不顺眼。这很让人匪夷所思。

人在无明时，确实不可思议，比动物还愚蠢。作为人要反省：我们是高级动物，应该是比动物更有自控力。动物不需要法律法规，人需要法律法规约束。但法律只能约束我们的行为，不能约束我们的思想，而行为是受思想控制，因此必须从约束我们的贪念、憎恨心、妒忌心、傲慢、疑心做起，从对心理毒

素的净化做起。先调节好自己内心的小环境，再去影响周围的大环境，这样就会避免受很多负面的环境影响，心灵环保也就不是一句空话了。

如果我们做到心灵环保，做到对自然环境的环保，不但为为慈善事业播种了，必将带给我们无尽的福报。

换种思路看贫富

父母对儿女的管教、老师对学生的管教，这种责任实际上就是权力。一个人有了管理人的权力，首先要付出。我们看到，做老板的上班时间永远要比员工长，他为公司所想的一定比员工多。很多人有仇恨老板的心态和仇富心态是不应该的，因为做老板的付出的努力比员工多出百倍，加上本人有福报，所以成功了。稍次一些的，做老板的即使他再不努力，就是为了应对公司突发而来的变故和业绩提升的压力，他想的也绝对比员工要多。做员工的要常有感恩的心，感激老板让你得到的这份工作，有了改善生活的可能。

有这么个人，性格非常暴虐，后来突然有一天，应该是皈依了，行为发生了一百八十度大转弯——以前什么毛病都有，现在带领一群同样有劣迹的人到处忏悔。我们要感性去看这件事。经常会有一些看起来不怎么好的富豪或名人做慈善事业，有的认为是炒作打知名度，我却认为，用什么方式做，那是个人的事，但这笔钱到了受益人的手上终究是件好事。

新富起来的这一批，很多人的社会责任感没有那么强，需要自我反省，应该为社会多做奉献。但我们作为一般老百姓也不要想当然——我们中国人有一个坏习惯，认为有钱人捐款是理所当然——你要尊重他，他能够这样也有他特殊的一面。他有投机的一面，也有优秀的一面，他懂得自己的财富来自哪里，当他拥有以后懂得回馈——这是他从富有变贵的途径。在你面前说你伟大、优秀，你一走，大家说那只不过是一个暴发户，这是“富而不贵”的尴尬。

有些人仇富，这是一种心理不平衡，因为在他们看来，财富的累积许多是通过暴利、投机获得的。财富获得很多是非正常手段，有的从最开始慢慢积累，在暴发的转折过程中可能会有特殊的机遇。这其中不乏有水准的人，大部分暴发户最初就是胆子大一些，敢做敢冒险，有了合适的机会他就拼一下，看看结果怎么样，这些人在社会上盲冲盲撞，当财富来到他身边，他并不懂得怎么让自己变得贵起来。

还有一个很明显的现象，所谓贫富是经常变化的。在大都市看不太明显，在较偏远的乡下经常可以看到：解放前富有的家族，“文化大革命”后和大家都一样了；改革开放后包产到户，一样分田地，再过三十年，以前“土豪劣绅”的孩子又有钱了，而以前贫下中农的那些后人还是这样。这其中与家庭教育、基因传承有很大的关系，但不是绝对的。

一个人不论贫也好富也好，都需要亲情。别人无私对他的那种关爱，远远胜过财富对他的吸引。我认识新加坡一个协会的会长，他家里请了一个菲律宾女佣，在他家做了十来年。一天女佣收到一封律师信，叫她去继承遗产——她妈妈可能是嫁给比较贫穷的人，外婆不喜欢，就断绝关系了；外婆是个很富有的人，留下遗产，她分到了一栋别墅和一大笔美元。女佣就回去了，两年以后又回来了，很多人就惊讶：你现在不是有别墅了，有那么多钱了吗，回来做什么呢？她回答说：我到那里，没有家的感觉，待不下去。现在请人照顾我的别墅，我自己回来继续工作。这边会长家已经另请了佣人，她说：不给我工资都没关系，我可以在附近租房子，你们让我每天能来就可以了，我给你们打扫房子，整理东西。她已经待了十多年了，完全习惯了在会长家的生活，而那家人完全把她当成家庭成员来看，出门都放心把家交给她，所以她在这个家感受不是一个佣人，而是这个家的一分子。反过来看我们这边，我认识的一家北京人，他家请佣人，完全不尊重人，不准佣人在家讲话或唱歌，只要主人喜欢，一天内随时召唤，连休息时间都没有，完全不当人看。

现在中国太多新富起来的人，实际上自己也是在这样贫苦中过来的，当他有了一些经济实力，却不懂得尊重别人，不尊重别人的劳动——把别人的人格跟金钱画等号，我给你钱，你就是为我服务的，极端地不尊重。这也是仇富心态滋生的一个土壤。

在对待贫富的问题上，尊重与珍惜是相互的。富有的人尊重和珍惜为自己创造财富的员工，而贫穷的人看到别人拥有这些财富，应该起珍惜爱护心——因为他们拥有，你爱护他，他给你工作，你不爱护他，什么都得不到。就像你的好朋友是个有钱人，你对他尊重，赞美他爱惜他，他可以经常请你吃饭，你缺点小钱还可以跟他借，如果你反过来仇视他，跟他恶言相向，风言风语，又有什么好处呢？

所以，要学会尊重优秀者，他毕竟付出了很多努力，财富不是凭空来的。同样，富人要尊重穷人，两者都为对方着想。必须是从小开始，并不是已经有钱了再开始学习。现在很多“富二代”“富三代”聚到一个课堂里，有人开始教他们怎么做人、怎么走路、怎么讲话、怎么吃饭，希望他们学到一些成为绅士的办法。而绅士并不是在课堂里学一学就能学会的。真正的绅士是经过家族几代人对社会的奉献，为社会和劳动

者付出，才形成绅士气质。单单拥有金钱，没有为社会付出，没有成为表率，只是改变一下走路的姿态、吃饭说话的方式，不是真正的绅士。

这非一时之功，让孩子从小学会接触不同的环境，尊重不同生活，珍惜不同层次的人，见识并接纳不同的环境、生活方式和思维方式，长大后遇到困难挫折也会有适应能力。

佛菩萨会收你的“贿赂”吗

记得我小时候，住在康定一个牧民家。他们一家三口人，唯一的财产就是牛，他必须卖牛肉或奶油换取生活其他物品和费用，换青稞去做糌粑。他们一年四季在草原上找不到菜吃，那怎么办呢？只有杀牛。我记得杀牛时，那个房东自己在旁边流泪，一直在说对不起。看起来很可悲，他觉得他是在做错事。不是像我们这样，到了餐厅看大闸蟹，还要看是不是正宗，是公的还是母的。还有捕捞鲸鱼、鲨鱼等珍稀海洋动物，将这些动物宰杀，挣扎很久才会死去，血流成河，触目惊心……那些鱼好像理所当然该被我们吃。我在想：有一天如果有人拿把菜刀在我们身上刮我们的皮，感觉怎么样？有些时候，为了生活我们不得已在造一些业，但是要用一个佛教徒的心态，用忏悔的角度去做这个事情。这就是佛陀为什么要告诉我们这是不善的业，但可以忏悔。杀生是如此，偷盗就更不用说了。我们那里有几个村庄，小孩偷东西的特别多。这几年他们的经济生活改善了，这些人就消失了，开始做正当的事情了。生活有时候是无奈的。如果有了信仰，逼到实在没有办法了，他会去偷，绝对不会去抢。做小偷的多，做强盗的很少，因为强盗是恐吓人，有时候不尊重生命，为了抢东西，为了得到一部手机或几百块钱而杀人。这些都是因为没有信仰。

另外，不能短斤缺两。这是一个工商时代，需要包装，许多人夸大其词推销自己的产品。你的东西不值这个钱，你夸说值这个钱。有次跟一个医生聊天时，他心里非常不安，因为他们医院现在卖某种药是本身成本的八十倍，公司这样规定他也没有办法，他觉得很难过。天底下只有两种人不会跟你讨价还价，一个是死人，一个是病人。所以很多人就喜欢赚这两者的钱。在藏区，像我师父以前在的时候，重病者的钱跟往生者的钱永远是分开放，他说，除非你有钢牙可以把这笔钱吞下去，没有的话你就乖乖做善事，非常谨慎。比如家里有重病的人需要念经祈福，或者是有往生者，一般都会把钱用在什么地方？要么

是供养三宝、做佛像、印佛经或是盖寺，要么做慈善。

媒体曾经报道过，台湾出了一件特大保险诈骗案，有些丧尽天良的缺德医生勾结诈骗团体，引诱无知的乡下妇女把好端端的胃给割掉了，把好端端的子宫拿掉，把癌症病毒放入身体里，拿去化验，还不是一个医生做，好多医生都做过这种事情。这些器官对身体多么珍贵啊，你哪怕再缺钱，总是有方法的，难道真的需要这样做吗？某些宗教人士也贪财，信徒捐来钱，他觉得放在银行会有人知道，放在哪里都不安全，就放在床下，然后被黑道绑架勒索。钱在他睡觉的床底下面，几百万上千万放在那里睡觉，好像以前听过一些贪官会做这种事，连宗教人士现在都干这种事了，他们已经把自己所信仰的宗教教义忘得一干二净，变得麻木不仁，这样报应来得也快。

现在还有人专门赚死人的钱，当有人去世，就变着花样要死者家属的钱。这时候死者家属正处于极度悲伤状态中，他们却在丧葬费、骨灰盒、灵骨塔等上漫天要价，这些人心恶劣到这个程度！一般来讲，作为佛教徒可以经商，可以赚钱，但要做对得起良心的事，赚对得起良心的钱。

让坏人赚取这些钱来做更恶劣的坏事，还不如我们好人把它赚过来，起码我们还会做上供。念头一定要正确，我们不能为了贪婪就忘记了信仰。活在世间，我们没有办法不做生意，没有办法不管家庭，我们不能不处理人际关系，家庭的事、社会上的事，全部都要去做，但我们第一个念头上要懂得尊重自己的信仰，对佛陀有虔诚的心，对于因果轮回有坚定的信念，这样我们做任何事都会有善念。当我们的动念都是善的，表面看起来在经商，好像牟取暴利，但是我们知道，佛菩萨知道，阎罗王更清楚，会帮我们一笔笔记下来。我不怕他记，因为我们坦荡荡。善有善报，恶有恶报——我们不要说我今天拜个佛，佛前面供几个水果，做个悔过，明天我就会发了，身体也健康了，心理也好了，财富也拥有了——没有那么快。

我的一个台商弟子请我们修法祈福，说："我的要求一点都不多，我这个人要求非常少，平常也不贪心，只有一点点要求。"我说："你说吧。"他说："我爸最近身体不太好，希望他能够健康平安。"这能理解，这是孝心。"我的儿子习惯性偷东西，希望我今天做完这个法会后，从此以后不偷东西。儿子不爱读书，希望儿子爱读书。希望家人关系越来越好。"我说："这些你只要努力也能做到。"他说："最近赚钱不像以前那么容易，希望上师修法让我赚钱更容易一点……"我说："还有吗？"他说："目前能想到的就这些。"我说："你再讲下去，可能佛菩萨都做不到了。你要求的好像不是一点点，这些都能满愿的话，那你就大圆满了。"

我们不要把世间的欲望老是加在佛菩萨身上。如果你一开始就想用烧一炷高香、点一根蜡烛、供一点水果的方法来贿赂

佛菩萨，那你就错了。佛菩萨在接受你“贿赂”之前，贪婪已经把你的心全部贿赂完了，你身上只留下嫉妒和傲慢，贪婪已经把其他好的部分给遮住了。

农民播种，要等时间：春天播种，夏天慢慢长出青苗，到了秋天才有收割。现在都是用激素，效果不太好，蔬菜、肉类都有激素，伤害身体。福报是要慢慢用的，边播种边用，你现在拥有福报也不要高兴得太早了。只有边做事边播种，继续给自己累积福报的人，才能长久。

一颗健康的心灵才是真福报，做一个佛教徒要有虔诚心才是真福报。现在这个社会，人口越来越多，住房越来越小，高楼大厦林立，人与人之间越来越有隔膜。很多时候彼此间的福报相互影响，快乐也是相互影响，修行也是彼此影响的。我们周边的债主，最多的往往是我们的亲朋好友，他跟你提出要求，你不会怀疑他，你觉得他是你最亲的人，因为感性把你的理性蒙蔽了。

播种福报需要宗教心

二次世界大战战败后，日本人一贫如洗，什么都没有了，不要说财富，家庭都是残破的。这种缺财乏人的危机感，造就了日本人坚强不懈的性格，面对困难不怕挫折。二十世纪五十年代、六十年代，日本人急流勇进，到九十年代日本整个富有了，接下来不知道该要什么了，空虚了，色情影片、低级游戏，大规模搞这些东西——他们不知道用什么消除心灵的恐惧感，于是想尽办法来消除寂寞。是什么造成了这种局面呢？一个是贪婪，一个是仇恨——比如游戏，就是不能杀真人，总要发泄，用模拟方式杀人。这些都有了，还是没有解决空虚，所以日本的自杀率是全世界第一。

很多日本企业要创造企业文化，想把宗教思想加入企业文化里，所以才有了稻盛和夫那样伟大的企业家，他是虔诚的佛教徒。他对佛教虔诚，学了很多佛法的精神，回过头来经营事业，把佛教思想融入企业里。从他开始有了把佛教文化融入日本企业的这种概念，很多日本人把工作当成是休闲的一部分，每天在办公室，先拜佛，然后念《心经》念《金刚经》，诵完经再各自回到工作岗位上。

有了信仰，整个生命才有延续下去的目的，要不然人的灵

魂就很空虚。佛教从来不伤害别人，也不去诋毁别人，对方信教不信教，都一视同仁地尊重，甚至视对方为自家父母。这就是灵魂的完美，没有瑕疵。有不完美的佛教徒，但没有不完美的佛教。你能够依照奉行，你的灵魂将会变得完美。佛教的宽容慈悲博爱，可以比天空更广大，佛教教育人永远用慈悲面对敌人，到最后便没有敌人。

播种我们的福报，福报一直播种下去才会一直拥有。全世界那么多人，能维持长久的那些富豪，是真正拥有福报的富贵。哪像我们的一些“土豪”，不知道财富从哪里来的，拥有财富却不知道怎么支配，把吃喝玩乐当成是富贵象征。这样的，有钱非富贵。

一个人拥有信仰就不一样了。这个世界你什么时候看到果实累累时植物昂首挺胸的？麦子也是这样。花也是，花开得越多就弯得越厉害。我们拥有学问、钱财、权力，你昂首挺胸时表示你还没有真的拥有，所以要学会谦虚，你越谦虚你这一辈子越高贵，你越弯腰我们看到上面的花开得越多。一个人的价值需要别人肯定而产生，不是通过炫耀财富而获得。真正的绅士富豪，别人看重的是你的品性、涵养和慈悲心。

我们要有一颗感恩的心，懂得彼此感恩。在一个道场彼此感恩，为有人做饭给我们吃，为家里人愿意让我们来这里参加贡献，为国家提供这样一个环境给我们……感恩会让灵魂变得越来越有价值。因为有一颗感恩的心，懂得感恩，懂得回馈，我们修行是为了天下一切众生。自己为自己修是一个人的贡献，二三十个人一起共修，一个人就能得到二三十个修行的功德，你不用去自己算，有人会帮你算的。这种福报累积下来，碰到因缘具足，今生很快就得善果；继续坚持，来生仍享受善果。怕就怕不能坚持，尝到一点好处，信仰就抛到脑后了。你看那些有钱人，他越有钱越做功德。有些人从没有钱到变有钱过程中一直做功德，等有钱了不做功德了，就开始走下坡路。我看了好几个人，边行善边创业，慢慢起来了，后来有些人突然就停下来，有些人还在继续做。停下来有错吗?

这就像农民种地，你今年丰收了，可以拿去卖，可以拿去吃，但千万不能连种子都吃完了，老本都没了，那明年绝不会有收成。要把种子播下去，剩下的该卖就卖，该吃的吃。当我们拥有福报拥有能力时，该用福报的用，该做善事的做，做善事等于是攒老本。福报是需要自己播种的，所以我们要好好累积福报。

一场毒雨

佛经里讲过一个故事。古印度有个占星师，会准确预测天象。有一次，他预测到天上会降下一种毒雨。可怕的是，当这种毒雨降下来，整个国家的人都会变成疯子。雨水所降之处，水源就会被污染，人只要喝了被污染的水，就会变成疯子。

国王听到占星师的预测，非常恐惧，立刻叫人把皇室和贵族家里所有能盖的井全部盖住。而一般老百姓没有这个能力，所以当毒雨下来，能喝到的水源全都被污染了。老百姓喝了有毒的水，果然都变成疯子了。毒雨过后，只剩下皇室贵族是正常人了。老百姓都开始疯言疯语，只有皇室贵族们讲正常话。

因为疯子占了国家的大多数,到后来疯子都说正常人是“疯子”，整个国家陷入一片混乱。最后，皇室贵族们不得已，逼着自己喝下了受污染的水。这样,整个国家的人都变成了疯子,整个国家秩序也都变成了疯子们的秩序。

世上所谓疯子和正常人是相对的，没有绝对的状态。很多事情都需要根据环境来调整。也就是说,一成不变是行不通的。

现在网络盛行，好处是我们获取资料非常方便，坏处就是良莠不齐，是非难辨。而且现在网络游戏的影响也越来越大。

尤其是现在少年儿童大多迷网络游戏，成人有的也迷上了。尤其是小孩，大脑还没完全成熟，还不知道对错是非怎么分，开始玩暴力游戏、色情游戏，他们的心灵就被污染了。

很多小孩分不清楚游戏里的环境跟现实环境的差别，网络游戏会让他们对世界产生错觉，那种争斗抢杀消灭对方变成他们最大的喜好。整个环境变成这样，就像下了那场毒雨，需要重新调整我们的生存环境。如果不有效地控制，这样下去，网络游戏就是一种精神毒品。这种环保我们不去做，它的可怕程度远远胜过外在环境的污染。

很多游戏是从日本来的，发明游戏的日本人也没有想到这个恶劣后果远远超过他们当年发动的侵略战争。我说这话一点都不过分。引进游戏的人必须反省，到了适当的时候，历史一定会记下他们这笔账。做游戏的人要反省，把游戏里的暴力或色情转换成对社会对人类有意义的，应该用健康的游戏代替偷盗杀等不健康的游戏，这是唯一的方法。

重要的不是在检点别人怎么样去做，而是要反观自己应该怎么样面对现在的环境。反观内心、拥有信仰是心灵最好的调控剂。

第五章

经营财富场

世界上的财富在我们手中时就像抓了一把沙，你把它抓得越牢，它漏得就越快。

种来的福报

福德有很多类，第一个就是身体躯壳。一个生命，它的躯壳很重要，没有了躯壳，生命存在的形式就没了。很多人活着，但他的身体不听自己掌控，他叫植物人。

为了一个健康的身体，我们现在要干什么呢？要有良好的生存环境。这种环境必须靠人类自己。身体健康，不是个人说了算的，不是想健康就可以健康，要靠大众的力量让我们的生存环境健康起来。

人有时候很可怜，我们对自己福报的认识不是很清楚。我们努力，得到能够得到的部分；我们以为光靠自己现有的聪明才智加上努力，就能够得到那些得不到的部分，其实未必。很多年轻人都在努力打拼。一个人不努力肯定什么都得不到，但你要想想，全世界有多少人每天都在努力当中，多少人比你聪

明，多少人比你能干有才华，可是为什么很多人努力了很久都是一场空，很多人努力了一辈子什么也没有得到？这就牵涉福报问题了。一个人多年延续下来，我们在自己的“福报银行”里存了多少,这都是有限的。尤其是我们前世就已经存在这儿，我们一生下来，就好像在从存款里取财富，这个是有限的，如果不懂得续存，很快会用完的。你什么时候看过，一个人不去努力又没有存钱，光是用，总也用不完的？没有，哪怕是再富有的家庭，也有坐吃山空的一天。

早年在美国有一位食品大王,是全世界数得上的华人富豪，有无数财富，他的福报看起来很大，但是他极度挥霍，也不做善事，前些日子我去美国时知道，他连房子也没有了，寄宿在一个朋友家，睡在走廊里。有些人很年轻的时候就拥有了很多财富，但是他们不知注重道德修为，很少去为社会尽责，虽然他有些福报还能维持一段看起来富足的日子，但是肯定不会长久。到现在还没有看到过，长辈留下财富，晚辈完全不努力，又不做善事,可以享受一辈子的。为什么古人讲“富不过三代，因果达三世”？我们可能认为三代好远啊，其实一点都不远，爷爷奶奶看到了孙子就是所谓的三代。

所以，不要小看福报。你不要以为自己有能力，是很强大的人，其实那只是你前世做了善事、积累了功德、播种下来的福报。人生说短很短，说长很长，起起落落太多了，这个世界上永远都是这样的。农民不留下种子继续播种，肥沃的土地上便不会再长出庄稼，只会杂草丛生，不可能给他带来利益。卖掉土地也是一样，一下子来的钱很多，但很快这笔钱就会用完。怎么叫做长呢？就是继续播种。一个是拔草，把我们内心一些不好的业先拔除掉，然后继续播种、净化。

自他交换，彼此有空间

佛教里经常讲“四大皆空”，所谓“四大”即地火水风四种元素，“四大皆空”并不是说四大都没了。我们外在赖以生存的环境，包括我们的身体都是由这四个元素组成的，很需要这个空间。人没有了空间怎么生存？但是，我们现在把自己的空间变得越来越狭小。

从远古时代到农业文明，人与自然和谐相处，人们过着“日出而作，日落而息”的生活。在这个空间，人和大自然息息相关，人的生活就跟土地息息相关。人的生命，人赖以生存的江河湖泊，和生存所需的食物都是从大地而来，人类懂得尊重大自然，尊重每棵草木，尊重每个水源。

为了不占有耕地、牧场、水源，古代人会把房屋盖到不能生长植物的偏僻地方，盖在悬崖峭壁上或洞穴里。古代人以自己的身体和生命感知生存：与大自然为友，与万物和谐相处。所以大家的空间很大，因为没有人想独占，这个空间保留给了彼此。人与人之间也是一样，留给彼此空间，人们的占有欲不是很强。没有人想说，你就是我，我就是你。在人与人相处的方式里没有“我为主导，你为辅，你是为了我而生存”这种概念，留给了对方很大的空间。

人与人有空间，就懂得尊重，相处就非常容易了。当我们周边的生物环境不是那么拥挤的时候，人与人之间有一点空间，我们很容易生存。

佛教提倡的“自他交换”非常重要。“自他交换”就是说，我们站在任何立场，做任何事情，和亲朋及其他人交往中，都要多站在别人的角度想问题。孔子在《论语》中也说过“己所不欲，勿施于人”，同样是以自他交换的思考方法为人际交往留下空间。

当家里的长辈教训我们，我们要站在他的立场想一想：为什么这么说，该说还是不该说，是他讲错了，还是我真做错了？在公司，老板可以经常站在员工的立场去想一下，做员工的也要为老板考虑。这样彼此为对方着想，就是佛教里的自他交换法。这样做了，我们就会发现，大家的需求是相同的，我们帮别人解决了一些问题，别人也一定能帮我们解决很多问题。

在世界上生存，一个人的能力是有限的。很多事是众人努力的结果。比如盖房子，一个人能干什么？如果我们努力赚到钱，就可以买钢筋水泥，再请工人劳动把房子盖好。看起来是我们自己花钱得到了，实际上是很多人为我们付出，最后这房子才得以盖成。

用自他交换的心态思考，我们就能用客观的心态经常反省，让自私的我执远离我们。

有时候人生气发泄，完了后就开始痛苦。为图一时之快，泄一时之愤，负面的情绪泛滥，伤害的是他人和自己。所以约束自己很重要，修正自己的贪嗔痴，修正自己在生活中的错误，并将正确的做法坚持下去，这就是生活中的修行。了解自己的缺点毛病，当你要犯错误想骂人的时候先冷静一下，想想自己的脾气应不应该发，发完后会不会后悔，有没有其他平和的解决方式。任何事情，在脑子里转一下念，也许负面的情绪和力量就削弱了。在新加坡，有一次很多大学生来恳请我开示，有人就说："有些人本来性格恶劣，基督教有教义说人打你的左脸，你把右脸接着给他打，如果用佛教的观点该怎么说？"我说："正常来讲，打完左脸让他打右脸，佛教也是这样，忍辱。""那他如果继续打的话怎么办呢？"我就跟他讲："那你一拳就把

他的鼻子给打烂……”这当然是玩笑，用暴力是不可取的。我的意思是说什么呢？在佛教里也有这样的，如果一个人造业造得他根本不知道对错是非，就要告诉他哪些是不对的——你打完了人家的左脸，人家已经很痛了，人家又伸出右脸来给你打，你接下来就该收手了，你如果再想打，表示你不懂得打人是会痛苦的，那时候我就告诉你被打是会痛苦的。当然，打人不好，修行人打人是犯戒的，但要看打人时的心念：若是一心为别人好，不是泄私愤，在无可奈何的情况下，偶一为之也不为过。过后可以再忏悔。有人会有疑惑，为什么修行人还有愤怒？有时候你看看自家的小孩，很多时候对错是非不清楚，要告诉他什么是对的、什么是错的，你必须得严格一点，但是内心对孩子的爱还应该是无量无边的。在他成年之前你需要去协助，一个是让他发自内心地知道这是不对，另一个就是消除他负面的力量。这也是佛教密宗里为什么会有愤怒相的原因。佛菩萨以广大慈悲救度众生，也会根据不同的根性以不同的方式调伏。

美好的随喜

随喜，一个是对别人有这样的能力和福报产生喜悦之心，同时也要对自己拥有的能力和福报产生喜悦之心。我们常常缺乏的就是随喜，所以大家才过得那么苦，因为老是妒忌有钱有能力的人。我们如果随喜他们，他们也懂得内心反省，然后回馈社会，懂得财富来自于所有人的共同努力，有这样一个相互的理解，我们的社会将美好得多。富人缴的税多，这些有能力的人将财富奉献给社会，大家共同享受这些财富。像阿弥陀佛，他把他所有的福报转化为极乐世界，让没有福报的人到那儿避难；富人要学阿弥陀佛，得到以后能够舍出去，穷人也要懂得感恩，然后彼此感恩。这样的一个社会，就不会有太多的矛盾，贫富差距不至于拉大，也不会有人对社会不满，有报复的心态。

所以，我们讲随喜很重要。为什么很多人对这个不满意，对那个不满意？富人不懂得做人，藐视甚至压迫穷人，穷人对富人不满意，就会互相对立。问题就出在不懂得随喜，富人觉得自身有能力了，突然间拥有一大笔财富，不知道自己是谁了，不懂得珍惜自己拥有的福报，不懂得感恩为他创造这些财富的普通人，普通人又认为富人这些财富都是剥削而来，不懂得人家付出多少努力与辛苦，觉得这些人是应该打劫的对象，这些

人应该被关到监狱，把他们的财富拿来大家分。这样，大家彼此都没有很好的感恩心，长此以往，社会便不安定。所以要学会随喜。两个好朋友为什么会争吵，大部分是妒忌你拥有的他没有。我们是兄弟姐妹,有能力的照顾没有能力的,多好啊——我们高兴他拥有了，因为我们可以分享他的。就像我这个穷光蛋，走到哪儿都有人把他的钱拿出来请老师吃饭。最大的好处就是我到哪儿都有人交往，到哪儿都有财富，你们的财富都是我的，然后你们到我们那边，我们的都变成你们的了。这样，快乐就能够产生，社会才能真正祥和。要不然，贫富距离大了，社会矛盾大了，找不到方法，富人掠夺资源太强了……我们坐在一起，有富豪，有穷光蛋，这么多民族在一起，都不觉得对方跟我们有什么差距，大家都一样。分开到某个场所就不一样了，你是经理，我是员工，你是有钱人，我是没钱的，你是有文化的，我是没有文化的，大家谈不到一处。所以我们讲全面平等和谐很难，很多人需要被关怀。我们讲穷人需要关怀，我们也要爱惜富人，让他为社会做更多的事，用他的能力和智慧为社会做更多的事情。

我们学会随喜一切功德，包容心会越来越大，妒忌心会越来越小。人没了妒忌心，日子就会过得很快乐，否则你攀比永远比不完，总有人比你强，比来比去自己很痛苦。你为什么妒忌他拥有了一栋别墅或者车子开得比你好？你应该高兴才对。

你去度他，如果他念经念得好又多，修行修得好，应该为他高兴。这就是随喜，随喜可以累积更多的福报。

保护我们的外界环境

人与人之间要彼此尊重、相互珍惜，人们对自己的生存空间更应该珍惜。空间大的地方，人们的心胸就比较大。如今大多数人都喜欢生活在摩天大楼林立的城市里，百分之八九十的年轻人都不想种地当牧民，都希望到都市去，希望在大都市吹着冷气的写字楼里坐着上班。结果带来什么？空间越来越狭小拥挤，可利用的土地不断变小，高楼大厦越盖越高。一个大厦住那么多的人，那些垃圾排泄物污染我们的环境，越来越堆积。环境污染了，空气不新鲜；空气不新鲜，带来的后果是什么呢？是疾病。

中国有句俗语叫“人活为口气”。活着气要出，呼出浑浊的气，表示人是有疾病的；一个人身体里腐烂了，出来的气都是臭的。外在环境变臭了，我们吸进去的都是臭气，怎么可能

会不生病？

现在很少有人愿意步行，大家都希望拥有代步车。拥有车是好事，可以改善生活质量，但拥有两部、三部，越来越多，家里空调也是一台、两台、三台……为了自己的享受，向大自然无尽地索取。大家可能会想，没有关系啊，我已经为自己的车子付钱了，可以花钱加油啊。油跟森林不一样，森林你砍了它还可以长出来，如果你愿意种——藏区就是这样，砍完就去种，种后十年二十年又长出来了。石油呢，现在好像很富有，中东好几个国家因为有石油，成为富国。一挖十年二十年，一百年后就没了，而石油要几亿年才能重新产生出来，那期间人类怎么过？在中国，明代的科学技术已经发达到了一定程度，人已经懂得挖煤改善民生，认为石油是地球的血液，不能开采滥用。现在我们对地球母亲所给予的一切都无节制地掠取，当石油、煤炭枯竭，怎么办？是回归到最古老的生存状态吗？用脚走路？还是骑马代步？

祸从身边起

在藏区有很多雪山，在我们小时候，山上的冰川一年四季永远不化。现在去看，我们会惊讶：这些雪山到了七八月份都变成光秃秃的悬崖峭壁了？有人就说这些冰川怎么越来越往上退了？我们小的时候，德格玉龙湖的冰川刚好到湖面上，如镜的湖面接着雪白的冰川，非常美。之前夏天从飞机上看青藏高原，都是一望无际的雪山，现在从飞机上往下看，冰川没有了，向下看去，露出来的全都是巨大的石头，黑压压的一片，触目惊心。我惊讶得不得了：雪山上已经没有雪了，全是裸露的石头，漆黑地压在你心上，仿佛看到了死亡，没有雪的黑色的山让人感到恐惧。以前雨季雪季到来都有一个自然的时间规律，现在都没了，该下雨的时候不下雨而干旱，不是雨季的时候又天天下雨。

以前下个雨人们很高兴，可以把衣服自然洗净了，车上的脏东西也被冲刷得干干净净。在藏区的百姓都是这样，依靠自然。现在你不洗车子，上面就脏兮兮的一片。连天上掉下来的雨水都脏了，我们喝的水会干净到哪儿去。水污染问题非常严重。原本在藏区喝一口水，甘甜清凉；在其他地方喝口水，全都是药味。不放药也不行，因为不净化更糟糕，必须用各种化

学药品过滤才能饮用。

再仔细看房屋建筑用的东西，很多都是潜在的危害，比如甲醛。空气被污染，地下水被污染，人类还怎么生存？很多时候我们根本不在乎，以为环境的污染、水和空气的污染离自己很遥远。人们把目光只放在自己身上，只关注跟自己紧密相关的事情了。

回想一下，我们小时候在草原上挖虫草，挖了几十天后，寺庙会有人告诉该停下来了，够你一年生活就可以了。把挖出来的坑要填好，不然有人和牲口掉到里面，会受伤害的。慢慢地大家也就不需要特别警告了，知道挖一段时间该停下来。有智慧的人告诉人们保持自然的休养生息，让大地母亲慢慢恢复，再供给人们赖以生存的物质。砍树也是这样的，不要说寺庙的法师，连一般老人家也会告诉你，不能过多索取，别老砍树，山川江河都有生灵来保护，如果砍伐多了，自然会惩罚你。

小时候还想：它有什么办法和我较量？看不见的东西它怎么惩罚我？那现在知道了：你砍伐过度，有信仰的人知道山川江河会惩罚你，没有信仰的人也知道大自然本来就懂得怎么惩罚你，你泛滥索取大自然的财富，最后得不偿失，受果报的还是我们自己。人类受灾害的频率现在也变得越来越频繁。2010年刚刚遭遇暴雪、风灾、地震等突发“急性病”还没有恢复元气，长期困扰人们的“慢性病”干旱又复发了。大洋洲、亚洲和南美洲的很多国家深受旱灾之苦，我国云南地区也发生了严重的旱灾。全世界很多地区饮水告急，上亿人的饮用水严重缺乏，如果再不注意生态维护，这种现象还会一直持续下去。

人类很多时候并不需要那么多的物质，但为了贪图方便，就发明了非常多所谓“方便”的东西，如瓶瓶罐罐是塑料产品，分解不了。而古人做瓶子就是用最自然的陶土，用过后，埋在地下，时间长了，会风化掉。古代生活中需要的物品，无论是食品用料还是其他，都取材于自然。天然的树皮做成纸张，自然的竹子做成筷子，这些生活用品用坏后，丢在野外能够慢慢风化分解掉。我们现在使用的这些塑胶制品，可能几万年几十万年它还在那儿，一百个人留下的就是一百个，一万个人丢下一万个，大量无法分解的垃圾污染着我们赖以生存的地球。

现在全球很多登山者到藏区登山，他们中不乏专业的登山运动员，也有一些发达地区的人，有了一些财富后不知道怎么再使用自己的生命了，然后学登山，炫耀自己登了某某山，征服了某某高峰，前呼后拥，几百个伙夫带着吃的喝的瓶瓶罐罐。这样一个不负责任的人，花了几百万，丢了一大堆的垃圾，拍拍屁股就走掉了，然后环保人士就在不停帮他们处理登山垃圾。真的有本事登山也就好了，有的人是自己没有能力、其他人带着走上山的，有什么好炫耀的；留了一大堆垃圾，则是最不负责任。这些富豪登山运动员，走到哪儿就把污染带到哪儿。

现在全世界的冰川大都在融化,速度之快到了可怕的地步。2009年有专家呼吁:“如果我们继续增加碳排放，海平面上升幅度至2100年将大大超过1米。即使按照碳排放水平较低条件计算，最佳情况也在1米左右。”北极、南极的冰盖也越来越少。很多人都以为，南北极的冰川、藏区的冰川融化和我没什么关系。要知道冰川融化最可怕的是什么？水源的减少。活在藏区，哪怕再没有水，他们还是住在离天最近的地方，冬天的雪会提供最好的水；从藏区雪山流下来的水到了内地，沿途被污染，最后没水喝的还是这些大城市的人，他们是制造污染最多的人——制造垃圾最多，索取资源也是最多的。

在我小时候，师父讲:“有一天你会发现水跟油一样贵。”现在有的矿泉水都比油贵了，那些从欧洲进口源自阿尔卑斯山的矿泉水一瓶水钱可以买好几桶油。无度地向自然索取，污染我们生存的环境，最后受灾的还是人类自己。

现在已经拥有外在财富的人，要好好反省：如果不节制自己的财富，开名车，穿好衣服，住豪宅，奢侈浪费，所谓的财富成为双刃剑，你会慢慢感受到它给你的报复。有很多人，江河里的生物都吃遍了，结果发现新的疾病在我们身体中蔓延。

多数人都认为藏区的医疗条件落后，物质也匮乏，可那地方的人吃的是现在最时髦的“有机食品”，天天吃五谷杂粮，享受最温暖明亮的阳光、最清新的空气、最纯澈的水；我们这边还要花钱用过滤器净化，净化空气，买昂贵的矿泉水。

健康的生存方式没有在所有人中普及，癌症死亡的病例永远是都市人比乡下人多，名目复杂的癌症找到都市人的机会比他们多。据官方统计数字，我国每年的非正常死亡人数占全世界的70%之多，其中因空气污染死亡的占到近10%左右。我们中部某个煤炭大县很多年已经征不到合格的兵源了。让自己的身体变健康，先要学会什么呢？宏观一点，我们要反省，人类给自然带来的伤害从而祸及自身。不要老是自私地从自己出发，我吃这个我的身体会健康，我用那个我的身体会健康，这不是个人的事情。宋朝的大政治家范仲淹有一句很有分量的话："先天下之忧而忧，后天下之乐而乐。"首先要忧我们的环境、我们生存的地球、这个自然界。如果现在没有分忧，都不知道反省，没有人去关注，当后果显现，那就来不及了。

大自然本身也要维持它正常的运作，大自然包括野生动物在内的所有生命体，本身是共享的。就像人的身体，它有好的细胞，也有不好的细胞。中国有句古话叫"水至清则无鱼"。为什么无鱼？因为水中没有细菌才能至清，而没有细菌的水肯定有问题。所以你看，浊水循环干净，里面有很多微生物帮助我们消除其他微生物的干扰。每一个生命体，每个地方，所有的存在都有其必要，它有自身熟稔的方式生存在那儿，我们感觉不到它的存在；而人类总在想方设法，增长某一类或者消灭

某一类。

像我们小时候，为了增产就打麻雀。那个时候全中国人到处打麻雀,拿一个木板,上面放了很多小木块,摇得叮当乱响,麻雀就到处飞，就是为了不让麻雀吃庄稼。后来就发现，麻雀被打死了，蝗虫又开始泛滥了。人们没有办法打蝗虫，最后是什么？是蝗虫把地里的庄稼吃完了，人没有东西吃了。所有生物，它存在就有它的意义和价值。它们只是为了自身温饱而吃别的生命,不像人类为了贪婪会去伤害动物。为了我们的欲望,为了我们的贪念、憎恨、妒忌、傲慢、疑心，我们会伤害别的动物，这在其他动物是不存在的。

我们人类是最不守规矩的一种生物体，自认为聪明高贵、与众不同，所以老是想方设法用自己的方式改变生存环境，聪明反被聪明误，我们受伤害都是由自作聪明而来。

人类应该自然一点，让生命回归到本初，自然一点，它有自己的生存法则和方法，我们就坦然接受它，而不要过度改变它。对我们身体也是这样的，不要太多依靠药物去改变它。

呵护财富

修行好的佛教徒大多是比较平静的人，即使在物质上有贫富差距，也不会因为贪婪而用畸形的心态看待财富。佛陀在《优婆塞戒经》中提起：“见恐怖者，能为救护，处饥馑世，乐施饮食……虽复巨富，心不放逸，多行惠施，不生憍慢。”有很多富豪也是虔诚的佛教徒，他们很多人不因为自己富甲一方就傲慢自大，反而非常谦卑。他们每天做的功课不比我们少，为后世后代积累更多的福报，总是虔诚供佛诵经。像缅甸、斯里兰卡这些地方的人，穷不是真穷，虽然不富有，但他心里很高兴，怎么穷也不会没有饭吃，没有穷到一杯水都找不到的程度。

外在的世界水火风土，跟我们的身体是连在一起的，大自然相当于我们的臭皮囊。哪个国家愿意破坏自己的生存环境啊？没有。有些人口口声声谈环保，实际上破坏全世界最多资源的就是他们，他们掠夺，一点都不珍惜，当他掠夺完，又说你要搞环保——他会保留自己的财富，去掠夺其他地方的财富。要做真正的环保，最需要从我们的内心做环保，做心灵环保。真正的环保是从人的心灵做起的，如何做好心灵环保，这个可以向佛教徒学习。

你看佛教徒生存的地方，到哪里都是绿油油的，山清水秀。佛教寺庙所在地，哪里不是古树参天、绿意盎然的？看看佛教的这些圣地，看看五台山、拉萨，起码到了那儿你的心会静下来。我们每天谈到佛法，心里都会想什么呢？都在教导人家，不要去作恶，不要杀生，不要偷窃，都是正面的东西。

作为一个虔诚的佛教徒，没有缺水喝渴死的或没饭吃饿死的，我们的温饱没有问题。当我们拥有这些保障，接下来最重要的就是内心有所信仰。这个世界只有信仰可以让你的灵魂变得坚强。一个人的灵魂，他不坚强的时候、脆弱的时候，你给他爱，他会坚强起来，你给他财富他会坚强，你给他权力他会坚强，但是，周边人给他爱能够一直持续吗？父母给儿女的爱可能会延续比较久，其他的爱能够延续多久？很难的。最可怕的是，你习以为常后，还会把父母的爱当成真爱吗？把它当成让你变成坚强的爱？不会，你只会把它当做是理所当然的“便宜货”。

财富可以让你稍微坚强一点。比如你一无所有，当拥有一些小钱，你觉得很快乐，有安全感了，但是这种安全感能够让你维持多久？没有钱你是穷光蛋，一千块钱足够让你安全，但一千块钱很容易花完，要一万块钱你才有安全感，再往后就是十万、一百万、一千万了，当你拥有一千万，你的安全感从此以后就真的消失了。我看很多的弟子就是这样起来的，从小房子到豪宅别墅，最后还是没有安全感。现金容易贬值，股票更不可信，黄金也不是完全牢靠……你会发现财富带不来真正的安全感，你的灵魂永远停留在脆弱的一面。

穷富都是相对的，绝大多数人并非天生富有。很多人是从一无所有过来，从穷人慢慢变富人，富有以后不珍惜福报又变回穷人，轮回循环。中国人在短短的三十年内创造了巨大的财富，退到三十年前，全中国人一样贫穷，所谓的富有就是家里有一台收音机，有的人家有一台蝴蝶牌缝纫机、一辆飞鸽牌自行车就了不起了。三十年间，借着环境和机会，很多人经过自身的努力，加上些聪明才智，变成了富有者。

有的富人，不懂得珍惜财富，随意挥霍，认为这就是靠自己的聪明得来的。他不知道其实是在努力过程中，他也许遇到了机缘，也许得到了福报，刚好财富聚集到了他身上。他不懂得，他拥有的这些财富是很多人付出努力让他拥有了；他不懂得，他拥有的东西需要跟人家分享。

有些人会偷税漏税。得到了财富，应该缴税给国家，国家可以把这些财富有计划分配，修路造桥，发展地方经济等等。大家想方设法偷税漏税，实际上是最大的偷盗。财富本来就是取之于国家，取之于天地之间，不是你个人的。你看多少挖金的、挖煤的、砍树的，所有这些财富都是全国人民的啊，也是属于全世界全人类的。你不停地去挖，挖煤、挖石油、挖金矿，

一个人拥有了应该属于全人类的财富，不懂得分享，一个人独享不是好做法。

拥财妙法

如何自由拥有和掌控财富，这是人们都想解决的问题。

财富与人的关系是很神奇的。当一个人真正理解了财富内涵，懂得分享与回馈，懂得自己只是财富的暂时使用者，取之于国家、天地，再用之于国家、天地，尊重财富，财富会越来越多。正常来讲，有人有能力去营造财富，是好事。因为他们有这种创造财富的能力，所以让很多人有工作做、有饭吃、有书读，是好事。

有些人不明白财富的意义，不能理解自己和金钱的关系，不尊重财富，不尊重自己财富的来源，不尊重创造财富的人——那些使他拥有财富的辛苦地工作的工人、为他付出的员工。他藐视了创造财富的人，反过来，他在别人眼中也不过是个暴发户而已。

很多仇富的人，或对富人不屑一顾，或想办法去伤害他们。当付出劳动的人得不到回馈，他也不尊重富人，产生了仇富的心态。这就牵扯了一个社会问题——拥有财富者不懂得把财富跟人分享，普通人同时也不懂得富人也是付出了很多以后才拥有了这些，两者彼此敌视的心态越来越重。

在大城市，为城市建设生产付出艰辛劳动的，大多是来自偏远乡下的农民工。他们离开父母妻儿，来到都市做最低级最危险的工作，得到的报酬也是最低的。他们付出的最多，最不受尊重的人也是他们。这种尊重并不是说在金钱上给更多的报酬，这不是简单用钱来衡量的，而是整个社会的人——享受他们这种底层辛苦劳动付出成果的人——要发自内心地尊重他们，尊重这些劳动成果。佛经里说："一切唯心造。"一切要看我们的心，在心中尊重，这个美好而善的力量是很大的，整个世界就太平了。

懂得珍惜和付出的人，会长久地拥有财富。这个财富不仅仅是简单意义上的金钱。比尔·盖茨捐出了所有的金钱给慈善机构，这种大爱的付出，得到了全世界的尊重和对慈善、对弱势群体的普遍关注，这种福德智慧难道不是最大的财富吗？西方社会有普遍的宗教信仰，个人成功后往往都会做慈善。比如在英国，慈善是深入到每一个社区每一个家庭的，每一个主妇都是慈善家，慈善机构在社区里组织主妇捐出家中不需要的二

手物品，通过慈善商店以很低的价格卖给需要的人，这样每个家庭都做了慈善，每件物品都没有被浪费，而每个人都种下了福德资粮。慈善对社会对家庭对人心都具有很强的凝聚力。

在中国，慈善事业还没有深入到每个人的生命中，但也有很多企业家、个人和组织做慈善。他们懂得把自己所拥有的回馈给社会。有时候我们看到他们好像是在作秀，让媒体去采访，然后新闻要报道。这又有什么关系呢？这是好事，好事本来就应该传播。虽然古人教育我们“扬善非真善”，但在我们这样一个时代，信息传播之快非古代所能比，人心亦不古，将好事善事传播出去，自然会形成一种社会向善的力量，会带动大家一起做善事做好事。

有些人会问：如果把钱财都捐出去了，会不会自己就会变得贫穷？不会。亚洲首富李嘉诚是做慈善做得很多的人，他捐出的越多，财产也会更多。在佛教中，提倡多布施，自会有福报。多布施，也是支配财富最好的方法之一。

慈悲带来好运

佛教一直认为有因果轮回的存在，重点就是“命运”这两个字。

很多富人家庭生的小孩，他们的社会背景、生活模式、受教育程度大概都差不多。就是说，这些小孩会在一个现代城市里，都拥有很多的财富，一样上常春藤名校，智商差不多。然而，进入社会后，情商的高低会影响他们的成功度，有时候差别会很大。

先天带来的智商可以让小孩很聪明，他们的模仿能力会很强，只要有人教，他会努力地学，因此学习不会是大问题。但当他变成主导别人的人时，因为情商，处理事情的方式就会截然不同。

也就是说，我们来到这个世界上，父母提供什么样的环境给我们是选择不了的，我们称之为“命”。所以，有些人来到这个世界上投胎在山里的穷人家，有些却生在都市豪华别墅里的富人家。这些没办法去选择，但这不是说富人家的孩子就一定有办法上名校，穷人家的孩子就一定上不了名校，因为人是可以在自己后天努力中去改变的，这叫“运”，也叫“运气”。

一般来讲，运气要和合很多因缘。

如果我们生在穷山沟里，接触好老师的机会很少，所以要很幸运才能遇到好老师，且这个好老师又愿意去帮助我们。这种机缘要比很多大都市的人高几十倍甚至上百倍才能有，也就是要有万分之一乃至千万分之一的机会刚好轮到我们，这就是福报。有这样很小的机率才能离开穷山沟，进入大都市。在这个过程，众人对我们的付出和帮助，就是福报。因为有福报，我们的命运也改变了。也许因为这样我们考上名牌大学了，找到了好工作；因为有好工作整个环境就发生了改变，从此以后可能再也不回穷山沟了。我们在都市里生活，下一代也变成都市人了。再加上，我们智商高，可能做官了，也许做了老板，那么我们的下一代就又和之前富人家庭的小孩一样了。

那么，是谁改变了我们的环境呢？不是我们一个人的努力，是周边人给我们提供了很顺的环境、很好的便利。

有运气，就是指只要我们有机缘，众多因素合在一起，我们有了改变现状的机会。很多人有同样好的背景、环境、读书的经验，但不一定每一个人都能成功。

有的人从小受到过度保护，这样的人不懂得正确处理自己的情绪，处理人际关系的能力就不是很强。进入社会，上下级之间的关系容易处理不好。如果跟员工、老板、官场上的关系处理不好，跟客户的关系也肯定处理不好。一旦这些关系处理不好，就会产生一些不好的后果，这个时候很多人会选择逃避，或自暴自弃，或者极度挥霍，最后把财富挥霍光后变成了穷光蛋，这样的人非常多。

一个人需要很多人的陪伴、辅助，去渡过一个又一个难关，而本身意志力坚强与否也很重要。想改变自己的命运，必须学会用智慧的方式管理我们的情绪。在这个过程中，我们如何拥有好的人际关系就变得非常重要。一个人想成功，需要的不仅仅是个人的付出，还有整个社会对我们的付出，这是我们成功的真正来源。

别人为什么愿意帮助我们呢？最主要是我们要有诚意。

我们的诚意来自于哪里？佛教说，人要有慈悲之心。也就是说，如果我们真心真意希望别人越来越好，真心真意希望能帮助别人解决问题，具备这样心态的人绝对会是一个成功者。如果没有慈悲心，哪怕拥有再大的权力、再多的财富，也注定是一个失败的人生。

愿力产生奇迹

付出，肯定是有所得的。所以我们一定要懂得去播种。我们经常讲，你要播种福报，去播种福田，有种子才有果实。

小时候，我们周边的森林一直在被砍伐。当时就在想，树砍完后我们靠什么？砍了几十年树，现在生活水平提高了，人们反过来开始种树了。原来播种的福报，成熟结果，开始回馈种子过来了。西部森林很多的木材被运往沿海地区，沿海地区发达后，那里很多人又支援西部。

付出很多劳动后，也不能肯定全都成功，还要看因缘，各方面的福报到底是不是成熟。

佛教里讲功德回向很重要。佛陀讲水滴入大海中，它跟大海融为一体，分不出来哪是一滴水哪是海洋，除非大海干枯掉了，否则你的那滴水永远不会干掉。我们如果把功德能够回向给众生，一直到我们成佛，它都是取不尽、用不完的。很多人学佛很久还是私底下藏一点功德、留一点点，没有必要，无私地回向，完了反而全部是你的。佛陀就是最好的例子，他把智慧献给我们众生，他成佛了，我们还在轮回中。很多时候累积福报都是靠我们自己积德行善、诵经拜佛、修行佛法。这些福德跟智慧就像一个玻璃杯，很干净，很透彻，但是要愿力摩擦它的。为什么功德回向要大家发愿，很多人就不发愿，就像你拥有了一笔钱，你不知道用这个钱来干吗，它还是一种浪费。所以，你拥有这些福报，你的目标要很清楚。

愿力犹如擦玻璃，擦擦擦，里面是亮的，要把上面的灰尘擦干净。你拥有了这些，你要知道你的目的，要多发愿，要不然很多时候我们做了功德，也做了回向，回向的目的是什么我们搞不清楚，好也没有想到，坏也没有想到，放在那儿了。有个这样的故事：这家人有很多孩子，其中老大承担了很多家务，天天照顾年迈的父亲，照顾兄弟姐妹，然后他埋怨为什么这样命苦。有一天佛陀到他们家里应供，完了后佛陀说你们各自发愿吧。老大开始发愿："我这辈子命苦，什么都要我忙前忙后的，我要好好发愿下辈子不要有这样的机会了。我要饭来张口，衣来伸手，天天乐呵呵地过日子，再不要愁眉苦脸过日子了。"弟弟就说："哥哥真的很辛苦，我很感恩，但是我没有能力没有办法，希望佛陀加持我，下辈子能像哥哥那样又聪明又智慧，可以帮助更多的人。"最后，弟弟靠帮助别人，日子过得越来越好，都当菩萨了，哥哥轮回成为了智障人，乐呵呵，每天很"开心"，饭来了把嘴张开了，父母帮他穿衣服——难道不是满了他的愿吗？所以，如果你的智慧不够，就会发成这样的愿。有能力是很好的，要把它用到很好的地方，好好发愿。

能够发好愿是我们的福报，有时候你不要藐视自己的一些

功德。佛陀最好的朋友是乔莎罗王国的明光王，跟佛陀同年同月同日生，非常有福报，长得也魁梧，在佛教经典中他请问的佛法特别多，经常跟佛陀探讨。有一次他连续四个月供养佛陀以及所有的出家人，结束的那天，佛陀就讲："我今天要做功德回向，请问国王，我用你的名义功德回向还是用功德最大的名义做功德回向？"国王一听很奇怪：都是我在供养您啊，谁还会有比我更大的功德？就跟佛陀讲，那就请你用最大功德的名义做回向吧。佛陀在外面叫了一个人的名字，把一切功德回向给所有众生。国王从来没有听过这个人的名字，就问佛陀，佛陀说他就是皇宫门口的老乞丐。然后国王把老乞丐叫过来，问他："你用什么样的方式让你的功德胜过我了？"老乞丐就说："没有啊，国王，我一直在随喜您啊。你这么多天以来供养佛陀以及他的眷属，您身为国王有这么大的福报，您来世会更有福报，所以我想到您的功德就感动得不得了，为我们这些乞丐难受——天底下的穷人很多，我为他们没有机会播种福报而难过。所以我每天随喜您的功德，发美好的愿望，希望投胎以后可以供佛。"国王说："我明白了。"

就像一盆水，我们人类看到水可以做饭，可以洗衣服，也可以解渴，有很多种功能；而动物看到的时候，只有两种功能，一个是解渴，一个是沐浴。天界众生看到的水是甘露，是可以治病的，恶鬼道众生看它就是浑浊的脓，地狱看到是燃烧的铁汁,不同的众生看到同一个东西会有不同的感觉。是谁在分呢?是我们的业力在分。有些草,人吃了会中毒,动物吃了则觉得美味。印度南方有种植物带毒,人吃下去声音会沙哑,所有血管像被毒蛇咬一样,很快散发,两三天就会死掉;但孔雀吃那种草,越吃就越美。

任何时候努力很重要,就像我们走路是从小学会的,到老我们还是每天谨慎走路,一不小心就可能跌倒了。那么,走路这么简单的动作,天天重复着,还要很谨慎,我们修行也是这样。很多时候念经都是同类的东西,念了又念,然后你的福报增长没有,你要观察。只要我们愿意踏步往前走,自然而然你的脚就会丈量土地。你会往前走路,随着你每天的修行,每天累积,哪怕你一天念一句咒语、拜一次佛、点一次香,日积月累下来,你就是无量的,当你需要的时候它就存在你的福报银行里,随时可以领取出来。你已经播种在那儿了,虽然现在看不见。就像农民刚把种子播种下去,你看那土地是什么都看不见的,它在下面还要发芽,再长出来青苗,这要一段时间。当你播种下去那一天开始,它就一直在变化,一直在长大,这就是福报成熟。并不是说我今天念念经,明天一切运就都很好,这个速度也太快了。当然,有的时候你的愿力够强,也可以,总是要有一个过程,期间你要不气馁地一直努力播种。强大的愿力会产生奇迹。

第六章

爱海无边

爱的爆发力是强烈的，爱的力量可以战胜所有困难挫折。爱，不用任何暴力，却可以把人都调得服服帖帖。

从善心中发出的爱

爱，简单而又沉重。

爱有两个部分，一是凡夫俗子式的小爱，一是大丈夫菩萨式的大爱。

爱是人们从同理心产生出来的一种最美好的感情。爱建立在善的基础上，没有善的爱，那是假爱。很多时候我们又分不太清楚——我们总认为自己出发点是属于善，是真爱，但因为我执，对自己过度的爱会让自己变得不理性，到了别人身上会变成伤害。

佛经里有句名言："众生越为自己着想，所以让自己堕落；菩萨越为别人着想，所以让自己成就。"两个都是为自己，但侧重点不同，一个是让自己堕落，一个是让自己成就。付出的方式方法也不一样。众生都希望自己能够被别人爱，能够因爱而快乐。菩萨因为付出自己的爱而快乐。

爱是世界上最强的力量，它能够让世界和谐、太平。但付出爱的方式方法不要有差错。如果我们把所谓的爱强加在别人身上，不一定会给别人带来快乐。

爱需要我们多层次去思考，要把我们惯性的单方面的思考换种角度，用同理心去思考，多为我们爱的对象考虑。

众生都不希望拥有痛苦，都希望拥有快乐。由爱和慈悲产生出来的那种大爱，是每个人都愿意去接受的。为什么我们平常都在讲“人性本善”？因为人的本质是很喜欢“善”的，喜欢吸收“善”的成分。

我们喜欢别人用最美好的语言跟我们讲话，我们喜欢别人为我们付出爱，喜欢有人呵护帮助我们，这些都是正面的。也就是说，善的力量是很容易被我们吸收的。人们希望得到尽可能多的爱和善，但让他付出的时候，他就不一定用善的方式，有时会用很恶的方式。

古人讲“人性本善”，佛教里讲“众生本性皆是佛”。我们的灵魂也希望别人付出很多善，然后希望快乐，希望拥有更多的智慧，还希望自己是个慈悲善良完全开花结果的生命体……但在我们付出的过程中，我们付出的对象并不是都有很好的理智，对错是非往往很难分得清，此时人们就不知道自己这样付出了到底是伤害了别人还是对别人有益。学会有智慧地去爱，是我们需要时时思考的。

施爱法则

天下父母心一样，都把自己所有的爱给了孩子，希望孩子能够成才，长大后各方面都很擅长，还有好的家庭和事业。为了孩子长大后的事业发展，有的父母甚至在孩子很小时就花费精力筹划，但过度的关爱就变成了对孩子强大的压力。

我们冷静下来想，其实我们希望孩子过度成才的爱是建立在自私心理上的。这种自私心理不外乎就是把孩子看做一种产品，不希望我们创造出来的产品变成劣质的，希望他达到我们所希望的目标。我们很多时候忽略了孩子自己的感受，比如孩子现在快乐与否，身心是否健康，我们觉得这就是爱。很多家长希望孩子学这个学那个，课外又给他增加很多。是父母主导了孩子的思维。

要想让一个人真正有成就，关键还是要在道德方面培养他。一个人兼备道德良心，拥有很高的情商，他的生命就会很成功。

情商很高的人，智商不需要很高，人生就会很成功。所谓成功，并不是说这个人一定是很有名的企业家或者某方面的专家，但他的生命一定是很快乐的，他能够懂得怎么用自己的爱心，通过努力去改变生活等等。

情绪不佳会生病。也就是说，要培养孩子的情绪免疫力。

医学数据表明：75%的病由情绪引起，经常保持好心情寿命增长五至七年。得恶性肿瘤的人，往往是因为突发性情绪不好。很多人的郁闷是没有办法发泄的，只有锻炼自我消化的能力，这个自我消化的能力就叫情绪免疫力。情商是管理情绪的能力，有助于提升情绪免疫力。

情绪免疫力完全不是靠教育教得出来的。天生的禀赋很多，人的智商中属于理性层面的部分可以培养出来，但感性这一层面需要通过模仿获得，也就是说，要从对长辈及优秀人士的模仿中得到。

慢慢长大的爱

我们很多时候人际关系处理不好，主要原因是什么？人与人之间相处，父母和子女之间、情侣之间相处不好，是因为我们的爱太自私了。尽管我们的话讲得特漂亮，都说为了别人好，但当我们深层思考，就会发现爱来爱去，讲来讲去，最后爱的是自己。

我认识一个女记者，长得很漂亮，有很多男人跟她求婚，都跟她讲：“我特别爱你，愿意把我的生命奉献给你。”她就懵了，就跟我讲她不知道该怎么办。我说：“如果谁说愿意把命给你，你就跟他讲：‘你暂且不用把命给我，明天把你所有的财产先过户给我。’看他们怎么说？”同样一句话她对两个男人讲。第一个男人听她这么说，就翻脸了：“你怎么这么俗气啊！我那么爱你，你反而叫我把财产过户给你？”我事先告诉她：“遇到有人说这样的话，你就告诉他：‘我们两个没戏了。你本来说连命都可以给我，你现在财产都舍不得，我怎么能相信你能把命给我？’”第二个男人这样说：“好，我还要用一些，你要多少我马上过户给你。”第二天将一辆车、一栋别墅就过户给她。我对她说：“好！你可以嫁了。”前一天我就告诉她：“如果有人这样做了，你告诉他：‘实际上我们俩是一家人，这是我们俩的财产。’”

当然，这种做法不是绝对的。有时候多巴胺生效，人会很冲动的。我也见到过好几个例子，男的冲动地把所有钱过户给女孩子，结果女孩子拿着这些财产就跑了。

如果我们能爱一个人，无论是亲情还是友情，爱大部分是从自私开始的。爱一开始都是自私的，直到我们愿意付出的时候，爱才慢慢发生变化——直到变成像佛教里说的那样拥有慈悲喜舍的大爱。很多人不懂得怎么去爱。有人认为，只要我喜欢他，我就要全部满他的愿。有人爱孩子，孩子要什么就给什么，不管合适不合适，要游戏机就给买游戏机，要电脑就给买电脑，要电动车就给买电动车。孩子要什么都全部满他的愿，这不叫爱。

我有个弟子，是外籍华人，四十五岁才有了孩子，所以对孩子视若珍宝。有一次他请我去他家给佛像开光。去了后，我先看到他家有个房间堆着满屋子的玩具，堆到了天花板。

我说："你是做玩具的吗？"他说不是，玩具全部是他孩子玩的。我说："买这么多玩具给孩子干什么，孩子又玩不过来。"他说："师父，你看到的还是少的，那边还有一个房间也都是。"那个房间大概有二十几平米，一打开，也全都摆满了玩具。

他的孩子看我们进来，刚开始时很高兴；过一会儿他看见他爸爸要跟我们走，拿起玩具就冲着他爸爸后脑勺砸过来，还说："你为什么不陪我玩呢？"他爸爸一点也不生气，笑嘻嘻地对孩子说："你怎么可以这样呢？今天有师父在这儿。"

我说："你的意思就是，师父不在这儿，就可以这样做？你知道吗，你现在正下毒给你儿子。你这儿子，如果你现在不收敛，将来不会有任何成功！你现在对他那样，像什么样子！才五岁的小孩，你把他的性格就变成这样，将来怎么调教他？"外国教育家讲过，溺爱孩子就是在给孩子下慢性毒药。

赏罚分明的真爱

很多人会说，要用西方式的爱来教育孩子。

当然，西方社会有良好的道德教育氛围。西方人从小就经常进教堂的，好多人说的话都跟宗教相关。这就和藏区类似。藏传佛教的信徒深受信仰的熏陶，从小就懂得什么事情可以做、什么事情不可以做、做过头了又会有什么效果。因为有信仰的力量，所以不需要使用过度的约束，也就是说，对待孩子赏罚不需要那么分明也会有好的效果，因为周围人的道德观念一直在教育着他。

在西方，父母对孩子采取的是鼓励式教育，很少打骂孩子。父母会专门把整个墙壁给孩子涂鸦，即使涂得乱七八糟，也会鼓励孩子说很有创意，或者说比上一次画的有进步。等全部画满后，找人来把墙壁刷干净，然后再让孩子接着画。

东方的小孩在墙壁上画画，很多时候会遭到父母的阻止，甚至会拿筷子打到手上：墙壁这么整洁，你为什么要乱画呢？

东西方教育确实是不一样的。随着渐渐成长，西方孩子会有办法解决涂鸦的问题。也就是说，孩子的自控能力和自己解决事情的能力是非常强的，从小他就是被这样教育出来的。东方孩子因为有父母呵护，出了事情都是父母帮着解决，父母认为这样就是爱孩子。所以，东方孩子很多不服父母管教。父母管他的时候，孩子就会反驳："我有人权，我有性格，我不用你们管，我自己处理。"但遇到问题，就回家找父母了："爸爸妈妈，我现在遇到困难，没钱了……"一旦手里有了点小钱，不需要父母了，他就又一副面孔。这跟父母教育孩子的方式方法不合理也很有关系。

我们要用同理心，站在孩子的位置多想想：成长环境是不是让他们快乐？孩子不知是非对错，如何用合适的方式和其交流？孩子是一张白纸，描画成什么样，与父母长辈非常有关系；如果总对孩子说好话，效果可能不痛不痒，起不到什么作用。

以前有个故事，说一个人犯了法，被拉到刑场，妈妈问儿子还有什么想的，儿子说你让我再吸一口奶吧。然后把妈妈的乳头咬下来了。妈妈大叫：为什么这样？儿子说：妈，我恨你。我小时候小偷小摸，你当时为什么不阻止我？一直让我成了今天这样，得用生命为错误付代价。你当时阻止我，我也不至于走上这条路。当然，儿子说的这些不是理由。但做父母的从这个故事里可以对教育孩子有所领悟。当孩子做错事，父母应该有惩罚措施。怎么罚？

我十岁的时候，就一边学佛，一边教小师弟们了。也就是说，当我还在孩子年龄的时候就教育小孩了。以我的经验来看，每个孩子的天性都不一样。有些小孩天生聪慧，只要好言相劝，可以改变他的坏习惯。看到他有缺点毛病，用很感性的方式跟他好好说，他很容易接受；如果用暴力或者比较生硬的教育法，他就完全没办法接受，会更叛逆，做负面的事。这种理性和感性兼备的小孩还是极少数，很多孩子根本对错不分。

很多小孩就爱打人，我们寺庙就有这样的小喇嘛。开始我是好言相劝，告诉他：你不能打别人，人家会痛。可他照打不误，他没感觉，每次都是他先打人，而不是人家打他。有一天我看到他正在打人，就一把他抓过来，让两个喇嘛压住他，拿了根藤条，狠狠在他屁股上抽了三下，红红的三条杠在那儿。从那以后，他知道痛的感觉，也不再随便打人了。

所以，因材施教非常重要。现在很多教育家提倡要用西方式教育方法来教育孩子，那是难行得通的，因为东西方孩子的特性不一样。

现在家庭本来小孩就少，用古代方式教育孩子也不是很有效。从前提倡要“严师出高徒”，我们小时候哪个没有被老师打过？通通被打过，有的几乎天天挨打，越打越成材。我们佛学院，当时在教鞭下出来的学生，现在一个比一个优秀；后来停下教鞭、用爱的教育的，现在就普普通通了。

时代是不一样的。现在这个时代不一定用过去的教育方法就灵。不过，对孩子因材施教还是有效的。有些孩子可以用美好的语言、劝诫的方式，很理性地跟他探讨一些问题。而有些孩子是需要用很感性的方式，让他懂得伤害别人是会不舒服的——你打人，人家会痛的；你骂人家，人家会不舒服的——要切实让他感受到这样做的不良后果。教育偷不得懒，光有爱解决不了所有的问题，以爱的名义还要加上正确的方法才行。

克制自己，释放爱心

人与人之间相处也是这样。要爱别人，就不要让自己情绪化。很多时候我们出发点是善的、好的，但一点点下去，就完全以自我为中心，变得情绪化，失去本来了。本来父母爱孩子，是希望孩子变好，可是看着孩子犯错误，自己的气倒上来了，对孩子乱打一通。事后想想，事情有那么严重吗？也没那么严重。

有些父母过分不理智，如果老师教训一下自己的孩子，就心疼孩子被老师骂，甚至还跑到学校跟老师理论一通，老师以后也不太敢教他的孩子了。这么一来，孩子觉得他做了坏事反正有父母做靠山，连老师都不敢管。到后来，孩子长大，对错是非分不清，做父母的也意识不到自己的错。

人一定要理性，人的情绪反应过度，很难产生出爱。所以，佛教提倡“平等舍”。溺爱，会迷失人的反应；憎恨，又会让人失去理智。怒火中烧时，就很难产生爱。我们应该把憎恨心和溺爱心放一放，以较平衡的方式，站在对方的角度或旁观者的角度考虑：这样做，这样想别人是对还是错？

我们想要付出的爱心，不一定都是笑脸和美语。尤其是在教育孩子的时候，为了孩子好，父母表现一些愤怒相也没有什么不可以。佛教中，诸佛菩萨为了调伏众生，有的会显现慈悲相，有的会显现愤怒相。所以父母教育孩子，有时候要扮演白脸，有时候要扮演黑脸，该扮演什么角色必须得扮演，不可能永远是一个面孔。

一旦思维这样往中间靠，就会发现，因为思考方式多层次了，我们就很容易变成一个通情达理的人。在通情之外还能达理，这非常重要。完全靠情意或者完全靠理智都是不平衡的，有时候理智过度，也会失去情意。所以，这两种方式平衡的目的只有一个，就是希望人们面对事情时能够尽量免除一些痛苦。

在人与人相处中，如果你认为对的事情总是给对方带来痛苦，实际是对对方的不尊重。我们既然爱对方，就要让他免于痛苦。在家庭里，很多做丈夫的表示自己爱太太，太太的行为模式、穿着，乃至讲话姿态和人交往的方式方法，全由他主导，他的标准就是太太的标准，太太想有一点小小的变动都不被允许，他把太太当一件自己希望的工艺品来塑造，这就是典型的对对方不尊重。

爱，为什么很多最后都变成了冲突呢？其实是不懂得尊重对方的缘故。我们真正爱对方，应该是多为对方着想，要乐对方所乐，这样就能理智而心平气和地看待问题了。

让爱长久之法

佛经认为，人们之间的冲突是因为贪嗔痴慢疑等五毒蒙蔽了心智而造成的。人世间最贵重的财富是大爱和慈悲。凡人的爱是从自私开始的，占有欲太强的情绪肯定不能长久，所以最好的方法是要把爱转化成亲情。西方人的说法是因为多巴胺的活跃而让人产生了强烈的欲望。这种很冲动的强烈欲望也就能延续几个月，最多也就三年时间。这时，我们需要学会把这种爱培养成亲情。因为亲情是永远的，这是依靠。这种依靠，并不单纯是“我要需要你、你要依靠我，你是我的财产、我是你的财产，我占有你、你占有我”那么简单，这些都是自私的，这种依靠是建立在互相产生尊敬和信任基础上的无私奉献。

两个人组成一个家庭，一个人占有另一个人一段时间可以，时间长了就会有分歧，或许有一个就会这么想：我不是你的附属品，也不是你的战利品或财产，我不能老听你的话。两个人从小在不同的环境、家庭背景下生长，走到一起，怎么可能没有分歧和冲突呢？一开始彼此忍耐一点，是因为还有所谓的“爱”在；久而久之，一个人没办法忍耐另一个人，冲突就产生了。

在家里，如果一个人一辈子都在索取，对方早晚会爆炸的。有的家庭中太太很好，先生就一味地索取，不尊重对方；有的家庭则是反过来的。这种不尊重，迟早会爆发出冲突。这种爆发很特别。有的家庭里，当年的爱变成亲情，有一方会忍，忍了一辈子就会发现，因果业力自然发生效果。一个家庭里，男的忍辱心很高，女的一直发脾气的，四五十岁以后就开始变，慢慢地，之前忍着的就有爆发力了，之前愤怒的就开始底气不足了,最后整个家庭就完全转过来了。我一直在看这种“笑话”。也有男的老是欺负太太，女的忍气吞声，到五六十岁后整个倒过来，到了晚年之后，之前傲气十足、脾气很坏的男人就低声下气，老太太天天训着他。我在想，因果业力，以前要等人死了才报，现在很快就能看到。我经常告诫弟子们：先生要对太太好。而太太经常放肆的，我就跟她说：保留自己的福报，不然晚年会受到报应。

人有时候很傻，对待亲人的态度总和对别人不一样，总这样想：他是我最亲的人，我不愿意在他前面掩饰，所以我就把所有的情绪发给他。想想看，对方也是人，不是木头，你把所有的情绪都发泄给他，他能忍多久？除非他是菩萨，菩萨对众生永远都是忍。对方毕竟还是凡夫俗子，随着你每次对他的发泄，他对你的爱一直在减弱，到最后，原来关系很好的，现在有外遇了，要离婚。有人面对这种情况还想不通，觉得莫名其妙：他之前对我这么好，为什么说变就变了呢？他怎么可以这样？反过来她还要怪变的这个人。

其实不外乎是这样：你欺负他太久，他到了忍无可忍的程度，他也希望找到一个觉得很舒服、有安全感、可以依靠的地方，因为跟你没有办法，你只是把他当成一个出气筒。

所以，大部分时候，我们对待周围的人，情绪要有所保留。对待朋友、情侣或家人也是要如此，不能因为对方是我们最亲的人，就毫无顾忌地发泄。这是最蠢的做法。

对自己最亲的人应该是什么样子呢？有时候可以对其发泄，但还是适当把自己的不良情绪收回来。我经常告诫我的弟子们，两口子吵架无论吵得有多凶，有些话是千万不能说的。因为有些话是会伤到对方心灵，会把心碎成一段一段的。既然他是你最亲的人，就更不应该用难听的话去伤害他。人发脾气的时候可以胡乱骂，可以胡乱说，对方能理解，但应该有个底线的。

大部分人当他发脾气时毫无理智，就会对他最亲的人说最难听的话，把对方的伤疤一片片撕裂开，想在亲人心上砍多少刀就砍多少刀。这样在不知不觉中，亲情就淡了。这种负面情绪会一直囤积，他不是伟大的修行者，不会自己焚化，时间长了就是一大堆情绪垃圾。到最后，他的爆发力会显现，那个原来发脾气的人就会受到惩罚。

所以，在一个家庭中，彼此要多留一点空间。即使是对自己最亲的人也一定要尊重，不能肆无忌惮。

为什么我们不跟外面的人发脾气？在外面，不敢这样对别人，因为别人会反过来报复自己。为什么我们要赤裸裸地“砍”自己的亲人，要见到骨头才肯罢手？人有时候意想不到这些，还觉得自己爱他才会这样“砍”。这是很愚蠢的做法。很多人会这样做，特别是很多男人，在外面工作辛苦劳累，跟老板和员工都不敢发脾气，回到家里，就把怨恨情绪带回来了。

西方人在这方面就处理得特别好。在外面不管遇到什么挫折困难，只要离开了办公室，办公室心情就结束了；回到家里就是他温暖的港湾，这里是他充电的地方，是感受亲情、友情的地方，他会在这里充分享受快乐。不管他多累，都会跟家人郊游、散心，过自在的家庭生活，他不会把工作和生活的两种情绪混淆在一起。而我们多数人经常分不清楚工作跟家庭的关系，把工作经常带到家里，把家里的事情带到工作中，生活非常乱。

所以，你如果真的爱对方，这种爱必须是博大的，要从自私、有占有欲的爱变成无私的爱。是要为对方着想、真正为对方付出的那种爱，哪怕有一天真的对方觉得跟你不适合，要离你远去，你也会很坦然，因为该付出的也付出了，该爱的也爱了，如果对方问心无愧，你就让他去吧。对自己的另一半，需要这样的大气。对孩子也是这样，当孩子有一天要离你远去，你也很坦然，因为你对孩子已尽力付出了，对他问心无愧，孩子爱去哪儿你都没有遗憾了。

所以，我们要学会让小爱变成大爱，无论是亲情还是友情。付出爱，就需要为对方着想，为大众着想，延展爱的好办法就是从亲人开始，到我们住的社区，直至爱天下众生。

我们行动上能做的有限，但一定要有这样的心态，避免不甘愿的情绪。为什么这样说？因为我们占有欲太强的时候，经常不甘愿。会这样想：为什么你不和我讲好话？你以前经常送花给我，为什么现在不送了？你以前很亲切地叫我妈妈，现在你为什么不叫了？以前你亲自帮我煮饭，现在为什么不煮了？由于这种占有欲的存在，我们希望一件事情能永远不变。其实，真的有人天天送你花，你也会很快烦的，或者希望改成送钻石和银行信用卡更实际点，天天说同一句话，也会觉得很无聊。不论发生什么事情，我们都要习惯它的变化，在变化中学会为对方的利益着想；只要大家过得快乐了，我们心态上也能够越来越放得下。这个时候，我们给彼此的压力就越来越小，压力小了，自然而然人的凝聚力就强了。有压力的地方，很多人都是避开的；没有压力、很轻松的地方，大家都愿意来。

为什么大家都喜欢来佛堂呢？你看平常在家里不做家事、都是当老板的，到了佛堂，愿意扫地、擦地、煮饭、洗碗，什么都愿意干。因为在这里没有压力，觉得很轻松，然后大家一起乐呵呵，通过彼此对付出的感恩，亲情显现出了很大的力量。所以，爱的双方，永远要记得对方对我们的付出很多，而不要老想“我付出了，你没有付出”。

现在很多家庭，先生主外，太太主内。先生去上班，太太每天忙家里的事情，东忙西忙，收拾得不错。但先生老觉得“钱都是我挣的，我养着你，你在家里只是寄生虫而已”，太太在家里的付出他觉不出来。太太就认为，自己在家里忙忙碌碌很辛苦，照顾家人老的小的，从早上一直忙到晚上，“为什么我就像你的奴隶仆人一样，你可以每天东逛逛西逛逛的”，也不考虑先生上班工作的辛苦。如果换种思路，各自为对方去想，家里的气氛就会不一样了，怨声少了，笑声多了。用感恩的心多想自己得到了什么，少想还没得到的。我们每个人不缺爱的能力，缺的是爱的心量和爱的智慧。

爱的爆发力

在不同民族聚集地区，最先要学会尊重别人，这也是有爱心的表现。人与人之间的关系都是先从尊重开始的，互相尊重了，就有同理心了。在印度摇头就是表示“同意”、“好”。中国人摇头是“不好”、“不要”的意思。不同地区、不同民族的风俗习惯很多时候是大相径庭的。在中国用手抓饭来吃，会觉得你没礼貌；到了印度、东南亚一带，不用手抓吃饭，人家也觉得很奇怪：老天给你的手，你为什么不用？用刀、用叉、用筷子干什么？

真正的大爱就是要经常想到别人。要经常想到：所有人，包括我们的家人、亲朋好友，他为什么喜欢这样，他为什么不喜欢那样？了解以后，我们就不会只按照自己的想法处理事情，会站在对方的角度多层次地思考，之后找到一个最佳答案，效果会非常好。

人有大爱，实际就是要有同理心，有为对方着想的爱的存在。有这样的人做老板，一定是最好的企业。老板处处想员工，员工肯定会为老板努力的。回到家里也是如此，你老是想到你的家人，家人也会用同样的方式回报你。即使开始的一两次没回报，三四次以后一定会收到效果的。人非草木，都是有情的。

爱的爆发力是强烈的，爱的力量可以战胜所有困难挫折。爱，不用任何暴力财力，却可以把人都调得服服帖帖。

大多数做母亲的，只要她有爱，会永远待孩子好，再穷也要带着孩子。有的父亲就很欠缺这种爱，有两三个孩子，太太死了，过不了两三年就打算再找一个伴侣了；母亲则永远会拖着孩子，一直到他们长大。所以佛陀讲到爱，永远是把母亲作为爱的象征，视天下众生犹如自己的亲生父母，主要是以母亲作为慈悲的象征。

人与人彼此相爱，爱心也会延伸到周围，会爱其他生物，爱给我们提供了很多生存来源的大自然。这种大爱延伸以后，家庭和睦了，社会祥和了，整个环境也协调了，人与自然也和谐了……

 慈悲是爱的最高境界

世间不同的财富，包括情感在内，实际上就是我们在这个世间生存的一种人际关系。

人要有大爱，通过这样的爱把自己最慈悲的那一面付出去，让所有人感受到。在这个过程中，自私我执的爱也会转化成一种大爱。

作为凡人，要拥有并付出这样的大爱，实际上非常困难。一个人拥有这样的爱，不代表别人都跟你一样，那你有没有那么大的包容心和忍耐力呢？你能不能一直延续下去呢？如果不行，当你付出了，却没有得到同等回报，该怎么办？

大部分人这时候就开始怀疑自己：这样的方法是不是正确？是不是自己的修为还不够？很多人刚开始充满着热心和爱心，愿意去付出，把大爱奉献出来；可终究是人，久了就疲倦，这样的事情遇得多了，消耗的能量也就越来越大。所以，要用佛教所说的智慧来指引自己。

人有一颗善良的心就像是肥沃的土地，可以用善良的心做好事，也可能因为你的心地善良而被坏人利用去做坏事。一个善良的人，如果本身没有智慧，就会被坏人利用。很多人愚昧信仰，不清楚什么是正统的宗教什么是邪教，这些人的善良之

心常被利用误导。

古印度有个故事：有个孩子名字叫“善良”，从小就非常善良，到处行善助人，后来就求师，希望能够得到拯救，脱离人世间的困扰。最后善良找到一个老师，叫“指甲念珠仙人”，属于邪教，告诉他：你想成就，必须先杀掉一千个人，之后你就有办法成就了，你成就了，这些被杀的人也会成就。善良听了仙人的话，到处杀人，杀掉一个人就把他指甲割下来，像串念珠一样串起来，总共杀了 999 个人了，只差最后一个了，整个村庄已经没有人可以杀了。最后他就想：那就把我妈杀了算了，这样刚好就一千个人了。他正要杀妈妈的时候，刚好释迦牟尼佛托钵过来了，就怒喝并阻止他。他又想：既然妈妈杀不了，杀释迦牟尼佛也不错。就拿刀劈向佛祖，被佛祖降伏，皈依了佛门。这是典型的“善良的人被人利用”的例子。

我们世间有很多人，善良到不太使用大脑去思考。现实生活中，因为心地善良，轻信别人，误入歧途的人也特别多。所以说，有善良的心，还必须要有智慧，如果没有智慧，善良跟愚昧是同等的。

佛经里把善良提升到了慈悲的高度。也就是说，希望每个众生都不要受苦，要先解决苦的来源，才能得到快乐的心境，要想让快乐长久，也要从快乐之源做起——无私利他。

有了慈悲心，我们还要多层次多角度地思考，就是佛教里

提倡的“自他交换法”。我们希望对方好，希望别人不要痛苦，希望别人快乐；如果不知道别人的想法是什么、别人认为的快乐是什么、他所具备快乐的能力到底有多少，只是用自己的角度考虑，是不正确的。我们要经常站在别人的立场去思考。

以前我们经常在争“一个人基本的权利”是什么。每一个民族、每一个区域的人都有一个基本的生存法则。在古印度，种族等级非常强时，很多处于低下层次的民众也不会觉得世界不公平，因为没有人更新他大脑的概念，他就觉得应该那样生活。一个民族认为的自由，在另外一个民族可能行不通；一个民族的宗教信仰，在其他民族看来也不一定能理解。

所以，酒鬼看到不喝酒的人他会惊讶：每个人都有喝酒的权利，世间这么美好的东西，为什么不喝呢？不喝酒的人看到酒鬼也不理解：酒这么难闻、这么冲，喝多了后人像个疯子，为什么还会有人喜欢？这两种人要探讨人权，客观的办法就是：喜欢喝酒的人要尊重不喝酒的人，不喜欢喝酒的人也要尊重喝酒的人。前提是要了解喝酒有害健康，不能因为自己有这个喜好就去伤害别人，也不能因为喝酒而给自己家人和社会造成危害。

佛教提倡的慈悲，有的时候也是这样。佛经中有“十善十不善”的准则，就是希望人们远离痛苦，生活快乐。慈悲也是要灵活运用的。比如有人吸毒，不吸毒时会很痛苦，我们就不能因此给他毒品。有人喜欢赌博，你不让他赌，他就很痛苦；而你让他赌了，他就一直赌。有时候慈悲的界限很难把握。

我有个弟子，以前是个空姐，家里只有她和妈妈两个人。她非常孝顺，她妈妈偏偏是个赌鬼，把家里的财产都输了，房子也赌没了，只好住到女儿家里来，还天天闹着吵着要跟女儿拿钱。女儿每次回来都提心吊胆的：不回家不行，回到家妈妈就跟她要钱；给了妈妈钱，她就去赌，赌了输了，回来又哭闹着要钱。有时候妈妈还欠别人钱，别人会找上门来。女儿不给钱，妈妈就闹，假装要上吊，寻死觅活的。女儿不停地给她钱，自己年纪很大了也没法结婚，赚的钱都养了赌徒妈妈了。

有一天我就跟她讲："你不能再干这样的事了。"她说："那我妈妈自杀了怎么办？"我说："每个人都有自己的福报，让她自己去决定吧。这样下去，不但折磨你，也折磨她自己，折磨周边的人，亲戚朋友全被她得罪光了，这样下去有什么意思！"我又告诉她：一般会叫的人都不太会真上吊，如果她要真的想上吊，你就让她吊吊看。

一天，妈妈又问她要钱，还说不给钱就真的去死。妈妈拿了绳子就走。女儿这次就不管她了。妈妈这次真的吊上了，吊起来后，疼得不得了，在那儿喊救命。女儿就上去把绳子割断。从那以后，妈妈也不再闹上吊了，女儿再不用给妈妈钱去赌博了。现在这位妈妈变得很好。

第七章

好话值千金

语言有分量也是一种福报。同样的话，看什么样的人说——有人讲过几万遍给你听了，你都不在乎；当对这个人有尊敬感，他的一句话，就深入你心里了。

语言的重量

我们知道，佛陀、孔子、耶稣、穆罕默德、苏格拉底、柏拉图等这些伟大人物，他们留给这个世界最大的财富，是把他们一辈子悟到的最高境界的哲理，把对人类最有效果的道理讲出来了。后来弟子们记录这些珍贵的语言，流传到今天，有了佛经、《论语》《圣经》等经典名著。这些伟人的语言很有重量，几千年后还在影响着亿亿万万的人。这些语言流传下来，就是世界上最贵重的财富。这些财富可以由一个人背着走遍世界，实际重量很轻，而恒河沙数的无量珍宝也抵不过这些经典。

宗教，实际上是人类宝贵的文化财富。尤其是佛教，几千年下来，人类代代都受其影响，带给社会祥和安定。佛教消除了很多人的悲伤、恐惧，消除了世界上的很多战争，让很多自然生命免遭杀戮。所有这些，靠的其实就是像佛陀那样的伟人，

其个人言语的重量延续到现在。如果佛陀的语言是一个产品，那它就是全世界最优良的产品。

2500 年前，佛陀就把人类所需要的一切讲得那么透。比如在讲到环保时，佛教规定出家人不但不能砍树，绿草都不能踩。为什么呢？因为在家人劳动，大家已经托钵供养给出家人了，所以出家人就没有必要做这些事情，发心保护环境就好了。在鹿野苑，佛陀叫国王把整个山封起来，让野生动物在苑里自由自在生活。佛教还叫大家不要杀生，不要伤害别的生命体，更不可以去发动战争。人类的很多战争起因就是为了掠夺财富。

佛教文化，几千年来一直影响着人。什么叫神通，这就是神通。

佛教为什么会有这样的“神通”？按照佛教教义，不会用到一个拳头、一块石头、一把刀、一支枪，就可以让一个地方和平，让仇人变成亲人，让彼此歧视的人变成朋友。地区与地区之间、人与人之间的种族民族肤色高矮不再重要了。不但人与人之间平等，人和动物也真正平等。这都是佛陀语言的重量所在。

讲到佛陀语言的重量和伟大，我们应该很好地反省自己。

佛教里说人不应该说谎，而人类经常会在交往中有欺骗，有时还会挑拨是非，自我降低人格。一个讲谎话的人不值得信任，讲再多别人也不会相信。经常造谣是非、无中生有的人，在别人眼里一点人格魅力都不存在。

来到这个世界上，很多人习惯性地去讲是非说谎话，天生下来就有这个毛病。也就是佛经里说的，讲谎言都不用教，因为前世就带来了。反而要经常有人教你讲好话讲真话，经常要人提醒你不能说谎。现代科学做过这方面的研究，得出结论：一两个月大的婴儿就知道用表情骗人，用假眼泪骗人了，何况大人呢?

语言有分量也是一种福报。我们经常讲“言多必失”、“语言不带刀，但是可以把别人的心碎尸万段”，很多时候我们说话不注意观察自己，一不高兴就很容易编出很多谎言，希望证明自己是对的、别人是错的。时间长了，别人会看得透你，一被看透，你讲话在别人心中就越来越没有分量了。

我们都有这样的毛病：旁人劝我们多少都没有用，如果有一个我们尊敬的人来说就不一样了。如佛经里说不要伤害众生，要知足常乐，我们就觉得佛祖讲得非常对，记住佛祖讲的话。

同样的话，看什么样的人说。有些语言，有的人讲一次就够了，很多人就把它当成哲理来听。而这些话，其实已经有人讲过几万遍给你听了，你都不在乎。就是因为我们对这个人有尊敬感，他的一句话，马上就深入我们心里了。

在生活中也是这样。在我们身边就可以看到形形色色的人，同样的话有些人讲一百遍一千遍都没有用，没有人听。每天劳

累辛苦地推销产品，本来是个好产品，讲多了，重复很多遍，反而让人怀疑：这个产品是不是作假？是不是有问题？说的人很辛苦，人们反而不愿意相信他。而有些人，推销产品也好，推销文化也好，只要讲几次，人家就很愿意去相信，觉得他讲得是有道理，是对的。

一个人语言的重量很重要。世界上的经典书籍，延续到现在一直流传，对很多人都有效。这些经典留存了当时智者圣人的语言，语言的重量能穿透时空，影响一代又一代人。这难道不是一种更贵重的财富吗？

现在社会信息交流非常通畅，人们可以通过各种途径发表自己的意见。很多学者在公众场合滔滔不绝讲自己的观点，甚至著作等身，但很少有人愿意听他到底说了什么，很少有人看他到底写了什么，听过他讲话、看过他书的人大部分认为他有用的话并不多。而他自己觉得写了很多本书，成为各种媒体的座上宾，感觉好得不得了。这就是他们言语的重量出了问题。

总统套房的空调坏了

讲一个我住酒店时发生的一个故事。有一年夏天我到南方某个大城市，住在一个酒店里。因为弟子来的多，就有弟子给我订了酒店最大的房间——总统套房。

第二天晚上八点多钟，门铃响了，来了三位酒店的工作人员，说是来拜访我的，想问问我对酒店有什么意见，对服务满意不满意，然后还想向我请教请教。我说，请教谈不上，来的都是客，大家可以坐下来聊聊天。如果要说对酒店有什么意见，你们酒店的空调有点问题，温度一直下不来，因为我人胖，怕热，昨天晚上临睡觉前热出了一身汗。

我说空调的事之前，这三位还表情放松地聊天；一说到空调，这三位的话马上多了。先是一位看起来像主管的说，空调温度下不来有两个原因：一个是因为房间大，又很久没有人住，所以温度降得慢；还有就是我房间来的人太多，所以温度一直降不下来。这样的理由说一次，也就罢了，有趣的是三个人轮流对此作解释，总而言之只有一个意思：空调温度降不下来和酒店没有任何关系，原因都出在客人这边。我说：

“你们刚才说要向我请教，我现在就眼前的这件事情说一说我的看法。昨天我刚住进来的时候，打开空调，空调一直是在28℃。我想把空调温度调低，结果还是回到28℃。因为有很多人来，我怕大家热，就叫和我一起住的阿加喇嘛打电话给你们酒店方，你们的答复是：你们房间去的人太多，所以温度就可能会降不下来。我想：也有可能。现在提倡低碳环保，空调不能调太低是因为要环保吧？那我就忍一忍吧。

“晚上我看书时，就想把空调调低了。白天人多，晚上不会有那么多人了，可能空调温度就会降下来吧？结果空调温度一直还是降不下来。直到今天你们进来之前，我叫了工程部的人来检查，才知道空调就是有毛病。现在修好了，你看不论有多少人，房间里也不再一直是28℃了。

“我在国内外住过很多酒店，做服务行业的应该做到的是，不管发生什么情况，只要客人提出要求，顾客是上帝，客人永远都是对的，作为酒店的管理者永远要从自己身上找原因，尽量让客人感到住得舒心满意。刚才你们三个还不等我说什么，就急着要把自己的责任择清楚，想让我知道空调的事情和你们酒店的管理没有关系。这点会让客人很不舒服，会对你们的服务有意见。

“我今天早晨去三楼吃早餐，那里有空调也很热，我问服务员怎么回事，服务员很客气地告诉我：实在对不起，因为VIP客人用餐的比较少，在没有客人的时候，餐厅空调一般是关着的。现在您来用餐，空调一下子调不到您满意的温度，请您等一等。我听了这样的解释，心里就很舒服。我甚至还觉得，这些服务人员在没有客人的时候宁可忍受高温，都不开空调，还很佩服。

“还有，我住的房间，你们号称是‘总统套房’，还好现在住的是我，不是总统，我们宗教人士生来会善待所有众生，会认为来的都是客人，会来者不拒，所以你们来我也会很欢迎。而你们刚才来之前连招呼都没打，直接就按了门铃，如果房间真的有总统来住，你们也会这样吗？你们想过这样做的后果吗？我的房间，你们看起来是人来人往的，实际上所有来的人都是提前和我打过招呼的，没有一个是贸然来访的。提前预约是起码的规矩啊！”

这三位听了，觉得不好意思，也不再争辩了。他们走的时候，我让弟子送我新出版的书《与心对话》给他们。弟子可能看到书不多了，只送了一本书给那个看起来是经理的人。我说，也送给其他两位一人一本吧，书没有了还可以再去买。因为三位是一起来的，要送就都送，要不送就都不要送。要一视同仁，不能有分别。

所以，人的言语能不能让别人听着舒心，和这个人是什么职位、什么出身没有关系，关键是这个人是否是用心对待别人。只要善意从心底发出来的，即使他的行动有些失误，别人不会为此抓住不放。一个人心里越是充满了善意和慈悲，他的言语

就越有分量。一句良言，不但会化解很多可能发生的争执，迅速改变被动的局面，还能产生意想不到的奇迹。

无论我们处在什么样的角色中,注意自己的语言都很重要。在和家人相处时也应该注意，为人父母，就要注意自己的言语是否是孩子愿意听的。有的父母每说一句话,孩子都很愿意听,很有可能这句话会对孩子一辈子有影响；而有的父母说了一辈子的话，子女都没记住一句。

从我的经历来讲，从小到大，除了师父们传授我伟大的佛法，对我一生影响最大的人是我的妈妈。妈妈往生得很早，但我到现在还清晰地记得小的时候妈妈是怎么教育我的。她告诉我怎么做人做事，她讲的很多话到现在我还记得，对我来讲永远是真理，一直存在，永远都值得我学习。而我小时候我爸爸说过什么，我几乎想不起来了，一点印象都没有。但是他做人厚道本分，待人友善真诚，特别是邻里关系非常好，这个给我印象非常深。

所以，在一个家庭，有的长辈对孩子说一百句，孩子都不爱听；反而是周围一个朋友或者不相干的人偶尔讲一句话，孩子却愿意去听，乃至用实际行动来改变自己。

不要说负面的话

在跟人沟通时，不要说负面的话，不要说谎，不要论是非，这样让自己的语言有重量，才会增长自己的福报，才有办法得到别人的信任。

人的一言一行都是由心而发，能反映出内心的所思所想。负面的话、谎言、两舌、恶口等本由心而出，自然向他人传达出负面的情绪和恶的力量。古语道“贵人语迟”，指富贵之人说话缓慢。这个慢不仅仅指语速缓慢，还指对人与事不妄下判断，都经过思考，不贸然出口伤人，在这一点上也体现了语言的重量。

比如老师讲课，同样是师范学院毕业的，同一学科，有些老师就很受欢迎，因为他们幽默风趣，学生就愿意接受他，这样的老师语言就有重量，语言就是老师的财富。而有些老师讲课是照本宣科，学生们听得无聊，他自己又没感觉，还喜欢乱引经据典，教出来的学生可能文字能力还可以，但表达和思考能力就比较弱。

有的人演讲，好多人都愿意去听，他的演讲渗透了很多哲理，让大家能够身心都受用，大家就愿意从他那儿汲取精神的养分。

什么样的状态下，人的语言会充分显示分量？语言重量取决于其身心是否自在。一个人如果拥有自在的心灵，就可能让

言语也非常自在。灵魂自在，大脑就自在，这样的人又总是无私的人，自己没有太多要求，也没有一定要别人以他为中心的思想，经常想到别人。当一个人想别人多时，别人就愿意信任他,这种信任会产生神奇的力量。一个处处为学生着想的老师，他的教学水平一定不会太低；一个处处想着病人的医生，他的医术也会越来越高。

宗教人士对自己语言的把握就更重要了。作为一个佛教徒或者弘法的僧人，他的一言一行都在实践着佛陀的教诲。他的语言如果出了问题，就犯下了大错。有很多人说，宗教人士就是给别人讲佛法的，不应该把时间浪费在听别人诉苦上，不如做一些有意义的事情。我就反问他：什么叫有意义的事呢？我觉得听别人诉苦也很有意义。别人是诚心诚意地向我诉苦，是对佛教和我的认可，这个过程中我可以适当地开导人家，人家因为我的开导，本来是诉苦，往往会变成给我讲他快乐的事了。如果看到一个人因为我们听他讲话而得解脱了，得到欢喜，变得快乐了，他反过来会赞美佛教。这个时候我们不是名利双收吗？其实这也是佛陀教育我们行菩提道。

为什么很多人愿意听宗教人士讲话？因为他们认同宗教人士是诚心诚意为他好。其实，如果人们想诉苦，对象很多，其实大家劝解人是一样的。甚至有时候宗教人士自己没有经历过恋爱或对孩子的教育，有人也愿意和我们倾诉这类苦恼。虽然看起来是搞错了倾诉对象，但他心里已经相信，向宗教人士倾诉是安全而真实的，能够得到指引。

我们这些人刚开始一头雾水，心想：跟我不相关的事你问我，我怎么回答？但是，问的人多了，时间久了，我们就变成“焚化炉”了。第一次有人问，不一定能回答对，但问的人把经验教训告诉我了，等下次有人问我，我就会把它转化成有机肥料，再来一个人问我时我就很有经验了。因为我看过了，先来问我的人当时是怎么痛苦怎么烦恼的，最后又是怎么解决问题的。这样，我就可以把经验教训转达给下一个人，时间久了，我们就变成专家了。

很多人信任我们宗教人士，愿意来跟我们说自己的烦恼；因为别人信任我们，我们的语言就变成很有重量了。所以，佛教里说，自己的语言有重量，也是人生的一大财富。

真诚沟通是重要的财富源头

怎么培养语言的重量呢？当然我们要对哲学和宗教有很深

刻的认知。从内心深处将自我自私等我执的一面破除。只有破除我执了，无私奉献的想法才会在内心具备，才能真正为别人着想。我们如果用心为别人着想，讲出来的话和泛泛随便回答的效果完全不一样。语言有没有重量，就看我们的用心，用心为他人着想的人，语言就非常有分量。

实际上，在我们现在的生活圈，沟通变成了最重要的财富源头。要和不同的人运用不同的方法去沟通。比如和哲学家教育家沟通和跟农民沟通所用的言语语气就截然不同。跟哲学家教育家沟通时，可能要文绉绉地引经据典；和一个农民说话就不需要引经据典，你只要告诉他这样做是对是错就可以了，简单最好。在和各种不同的人的交往过程中，我们会总结出不同的处理方法。

要想处理好人际关系，诚心很重要，无论何时都要诚心诚意。如果没有诚意，别人就不会为你的话而感动，会起到反作用，别人以为你是花言巧语。态度真诚，人要慈悲，要从心底真正发出对别人的好。

我经常对做产品推销的弟子讲，在面对客户时，你先不要想把这个东西卖给别人会有多少利润，应该首先诚心诚意地告诉别人你所推销的东西对他有什么好处。真诚地告诉别人，好处是什么、缺点是什么，要让别人去决定。如果你觉得对别人真的好，你告诉别人，被人家接纳了，不用你去争取，实际上你的利润跟着就来了。

所以首先站在别人的角度去着想。一个医生光想着推销药品给病人，一次两次可以，三次四次以后，病人就会想你到底是治疗我的病还是卖你的药。一旦病人不相信医生，医生开的药也就没有任何疗效了。如果医生是真心诚意为人治病，病人每次生病时一定就会想到这个医生，这样，医生的高尚医德就会传播出去，医生也会名利双收。

这种替别人着想的心理，佛教里叫做“慈心”和“悲心”。也就是说，我们要对别人有慈悲心，拥有希望别人真的越来越好的心态。要帮助别人脱离痛苦、烦恼、沮丧、忧愁，即使帮别人解决不了问题，也要有希望别人变得好转的心情，这就是佛教中的所谓“同理心”。

如果对别人没有同理心，就谈不上别人受你的品德折服了。以德服人很重要，做任何行业都一样，作为宗教人士更应该如此。如果宗教人士的行为、道德规范、讲话方式有缺陷，虽然讲的是带给人美好的宗教教义，但做的事情却有天壤之别。如果这样，宗教人士就会被人当小丑看，别人只是觉得他好笑，而他自己还没有知觉。

不管我们在什么行业，做什么事情，要想让自己成功，拥有真诚为别人付出的心态非常重要。我们要带着诚恳的心态，带着一种慈悲无私的心，真心真意地把美好的语言讲给别人听，也就是发出“爱语”“美语”，然后再付诸行动，如此我们离成功便不远了。

第八章

财富的终极要义是珍惜此生

生命是最贵重的财富，它一定是主导者，它是王，其他外在的名闻利养只不过是它的附属品，为它的存在而存在，为了它的存在而被需要。

生命是人最贵重的财富

通常听到"财富"这个词,大家第一反应都会想到钱多一点。当我们想到财富时，与之紧密相关的是："谁"在拥有并使用着财富？假设这个财富失去了使用它的主人，它就没有任何存在的意义。我们知道，财富的使用者是生命体，人类也好，动物也好，或是其他生命体，都是财富的享有者。正因如此，财富并非仅仅是金钱那么简单了。财富到底是什么？财富是生命本身。对人类来说，最大的财富是人的生命。

在佛教中，人的生命是置于首位的财富，暇满人身难得，人的健康状态非常重要。没有这个财富，其他一切都是空谈。我们都知道，这个世界表面看起来熙熙攘攘，作为人生存，看起来很简单；实际上，现在人的生存跟以前相比较，难度越来越大了。随着人口不断增长，出生到这个世界上的人口数字远远超过了死

亡人口数字。人类依赖生存的地球，对提供足够的生存条件感到很吃力了。所以，人类就必须用强制手段去控制自身繁衍。过去一个家庭可能有七八个的孩子，一般也有三四个孩子，现在大部分家庭只有一到两个孩子，如此对于一个家族来说，孩子来到这个世界的机率越来越小了，他只有拥有福报才有机会来到这个世界上。

我们现在生存的环境不像以前。那时高山河流湖泊都纯净自然，人与自然和谐相处；现在的环境是被人类过度开发利用，空气和水都被污染，土地也被滥用，过度使用化学物质也改变了我们赖以生存的环境——过去正常生长以维持人类生存的食品现在变得昂贵了，成了不受污染的有机食品。过去包括我们所生长的空间，空气、水分等各方面它是干净的。干净的空气、干净的水分带给人类的是干净的体质。现在我们失去了清新的空气、纯澈的水源，我们越来越多依赖现代交通工具和通信工具，这些造成空气、土壤、辐射等污染源。外在疾病对身体的伤害，环境对身体的伤害，积累下来，人越来越脆弱。

现在很多一家只有一个小孩，我们给他一个安全的地方，舍不得让他接触不干净的环境，舍不得让他去接触困难，舍不得让他通过自己努力在社会中积累经验。对于一些小小的挫折，父母主动代替他去解决。其实，孩子跟周围人有小的纷争，对他个人来讲，他应该在自身成长的环境里学会处理负面情绪，这是生存的一种方法，是他在这个社会上真正生存的源泉。

在几十年前，我们小的时候，自己跌倒了，头破血流了，自己会擦掉，洗干净。自己面对这些由自身错误带来的伤害，长大后就会敢于面对困难。我们不会像现在小孩有那样的沮丧、挫折感、忧愁、烦恼等等，一点小小的烦恼就被放到无限大，然后完全失去了能力，失去了理智，失去了面对痛苦挫败时的积极心态，那种勇敢面对生活的挑战力也越来越弱。

以前我们的医疗资源很缺乏，人本身能够产生免疫力。就像感冒发烧，如果你没有用抗生素，就靠喝水靠休息七天到十五天，体内自然产生了免疫力，身体就慢慢恢复了。而我们现在一有病就打吊瓶，过度依赖药物，就导致了身体免疫力下降。因为担心生病，家里放置了形形色色的药品，每个家庭就像一个小诊所——为了尚未生出的病，而预测自己会生病，然后遇到一些小毛病就赶紧吃药。身体本来有能力去寻找它生存的方式方法，全部被我们抹杀掉了。

我们过度保护自己的身体，反而使抵抗力越来越弱，越来越需要依靠药物维持；我们现在对小孩的态度也一样，在他成长环境中，父母代替他面对困难挫折，就会抹杀孩子对成长环境的抵抗力和适应性。父母跟孩子相伴的时间毕竟有限，不可能一辈子陪伴他。

自古以来，人的生存力是靠自己产生的，而非外力。空

气、水分、阳光供给我们生存的机能，食物也是一样，我们依赖自然的规律，自然地运用，自然地发展。以前我们吃五谷杂粮，吃自然生长的蔬菜，过了几年有人告诉我们，这些可以改良的，可以变得更好。大家开始吃改良过的东西，吃洒过农药产生出来的食品。没过几年，我们又恢复吃小时候那些杂粮、原生态里产生出的那些食品。所以，你就会发现，经过科技进步往前探索，我们自作聪明创造出来的很多东西，负面的比较多。这些食物，吃了以后，年纪轻轻的人会得上以前老人才会得的病，如高血压、糖尿病、脂肪肝、中风等等。

我们在生活中摄取了过多的精华，过多把健康建立在所谓的改良上，食品反而成为伤害生命的元素。医疗本来是在最没有办法的情形下改变我们的状况、延续生命的方法，现在反而变成伤害我们的因素。我们高度发达的工业，包括高科技产品，是为了让人类活得更有价值而产生出来，现在看来，工业文明有时反而成为伤害我们的来源。

短短的三十年里，我们用大量的办法改变生活品质，提高生活质量，看起来也健壮了，但负面效果也开始显现出来，人类的生存成本日趋昂贵。我们赖以生存的外在环境，山川、江河、森林、空气、水分，我们生活起居所有的一切，让我们的生命能够延续的依赖品，现在反而是伤害我们的来源。我们发现，生命这最贵重的财富，越来越脆弱，越来越容易被剥夺。

生命的长度

人类把大部分时间放在为自己生命延续而服务的物质上，反而忽略了生命本身。我们最应该珍视的财富是人类的生命，第一财富就是生命。如果一个人生命都不存在了，那对他而言其他的物质有什么意义？

人活着确实有一个意义在。生命本身是不是很有品位，是不是活得自在，生命价值存不存在，体现在何处？这些都是我们需要自我追问的。

每个人来到这个世界上，生存机会充满风险，还是有很多人活下来。要了解宝贵的生命是没法用人世间任何一种财富去换取的。了解这一点，才可以避免其他财富带给你的后遗症。生命是没有办法去填补的，我们可以改善它活的方式，用现在我们所能够提供的物质环境等各方面的改善，可以提升它的生存品质，只要我们能够懂得生命的价值。然而宝贵的生命是无可替代的。

生命本就这么短暂，而且没有办法像钱财一样，今天失去的明天就补回来。我们可以小心翼翼地生存，但这改变不了生命短暂、必然逝去的现实。生接下来就是老，我们从小长大，就像一棵树，十八岁开花，每过十二年一个变化，种下种子，

这个过程必须经历，哪怕我们用多少昂贵的养料。那些改良产品、有机产品，多贵的化妆品也掩饰不了生命的持续衰老，生命体内的细胞老化、身体机能退化，谁都改变不了。

谁都避免不了生命终将老去。古人说的虚度光阴，指的是浪费自己的时间和生命。生命是人最大的财富，生命不能重来，不会补充，浪费一天或一小时，哪怕是一分钟一秒钟，都是失去了最宝贵的那个当下的生命。

正因如此，世间的其他财富，金钱名利的得与失，让我们的生命为之付出太多。我们大部分时候都迷失了，总是用我们最宝贵的生命交换我们目前的生活方式，有没有必要？反过来讲，人活在这个世界上，有些很好的事情，不反对，不需要排斥它的存在，但如果是二选一，必须得选择生命。由此就知道，生命是最贵重的财富，它一定是主导者，它是王，其他外在的名闻利养只不过是它的附属品，为它的存在而存在，为了它的存在而被需要。

福德与智慧是人生的资粮

世间的名闻利养都重要，但精神财富更重要。在佛教里，一般来讲只有这两种，即情商和智商，我们叫“智慧资粮”。聪明才智从理性转换成感性，也就是从智商转成情商，这两者结合，佛教里叫做“悲智双运”。这两者可以结合在一起，这是生命最大的财富，也是最不可或缺的。本来长寿是最大的财富，但缺了这两者，活着就没有意义了，就是行尸走肉而已。所以，这是精神财富里最需要的。

古代圣贤曾有言：“读万卷书，行万里路。”在此强调的是不仅仅要读圣贤书，读书获得知识后还要走出封闭的环境，游历名山大川，开拓眼界和胸襟。这才称得上是君子之学。历史上有名的圣贤大德、文人墨客无不如此。

到了当代，传统文化断裂了，很多家长只注重孩子读书这一块。父母、学校用填鸭式的教育，不管你爱不爱读，把知识灌输给孩子，不管你能不能吸收，天文、地理、物理、化学、音乐、美术等等都会灌输到孩子大脑里。这种全面集约式教育在东方很普遍。现在的小孩十来岁，上知天文地理，下知社会人际，一切都讲得头头是道。孩子沉迷看电视、上网，从中看到的，都以为自己学会了，认为自己懂了。这只是井底之蛙的

见识，虽然读了一大堆书，但没有离开熟悉的环境，没有身体力行亲自证得这些知识，使之融化到自己的生命中成为自身经历。眼界胸襟没打开，心量自然就小，所有的知识成不了生命智慧。还有一个情况：有些人从社会大学历练出来，有丰富的社会经验，接触了形形色色的人，熟悉很多地方的风土人情，他也自以为很聪明，反过来瞧不起读书人。这样的人很固执，理论不懂，但实践上行，形成"只会做，不会讲"。

这两方面都是有缺陷。我们需要做的就是把这两种财富综合起来——既要学会很多文化，更要运用到实践中去。

作为佛教徒，与知识分子及普通人的不同在于，要多修行，践行大乘精神，脱离轮回。而大部分的人现世活在这个世界上，怎么生存才是最大的问题。生活过好了，心灵层面就提升了，心得到了快乐，而通过心境的快乐管理所有情绪，包括负面的情绪。

"读万卷书，行万里路"，在某种意义上和佛教中讲的"悲智双运"是一致的。万法归一，简单讲，就是感性和理性、慈悲和智慧的完美结合。读万卷书是理性地摄取知识技能，而行万里路则是要求我们在具体实践中感受社会人生，将理性知识化为生命的滋养。佛法的"悲智双运"又更进一层，是将慈悲与智慧结合在一个人的生命中。佛陀教育我们去摄取正面的情绪，能够把所学到的知识融入到生活中，或发展到每一个生命体。记得一位大师曾经这样说过：能使一个灵魂变得坚强完美的只有信仰，而对佛法的信仰和修持会使一个人更加完美和坚强。生活因为有信仰而更快乐更自在。这个是我们应该具有的福报。

佛教生活化，生活要教育化，仅仅是把佛教生活化就很庸俗。就像我们说学文化是为了赚钱，那就很庸俗了。我们要把所学到的文化知识通过教育升华，让自己的生命理念跟信仰完美融合。慈悲需要有更多的智慧，智慧需要有慈悲，即理性需要感性，感性需要理性。这两者结合，才会形成最完美的财富。这是由内而外透射出来的一种美好财富，以精神财富为主导，以物质财富为辅，这是我们所讲的智慧资粮。

有一个层面的财产是知识财产。这不是当代人所说的知识产权。产权有一种明确的所属性，一个人发明了某种东西，冠以专利，成为自己专有权利，如一个人写了一本书，这本书的版权就属于自己所有。一旦有了产权的概念，就有某种程度的自私。我们讲的知识财富是共享的财富，即参考吸纳了漫长历史中积淀下来的文化传统以及科学知识，从而创造出的有利于全人类的文化成果，重要的是它为全人类共享，为全人类服务，让所有人受益。比如中国古代的四大发明，历史上没有明确记载谁发明了印刷术，也没有记载谁发明了火药和指南针，造纸术也只是蔡伦改良的，但这辉煌的四大发明造福了全人类，每

一个人都受益于这些伟大的发明。大发明家爱迪生没有将他有利于全人类的发明打上自己的标签，没有限定只有自己可以使用。除了造福人类的发明，更重要的还有那些古代圣贤——老子、孔子的智慧影响了中华文化几千年，佛陀的教诲也历经几千年而不衰，成为亿万人的信仰。这些文化层面上的财富塑造了人类精神。这无限的财富，我们至今仍在享受，在消费。

佛陀讲财富时说到福慧资粮，即福德和智慧，这是人赖以生存的资粮。我们的肉体和灵魂要健康地生存。一个人生存在这个世界上并不是孤立的，周边的环境、周围的人、全社会将一切带给你，你能不能健康地生存并非靠自己。我们要学会平等对待周围的一切，无论是人还是物。平等带来和谐，对别人的和谐就是创造自己的和谐，这是真正的大财富。

生命的价值来自别人的尊重

人要在这个世界上让生命活着有价值有意义，必须有智慧。一个人没有智慧，就没有真正生存的源泉。单靠个人的聪明可能会累积一些世间名利，但当拥有这些之后，就会发现名利没有带给我们真正乐趣。名利就像是源头容易干枯的河，也容易让我们生命干枯。

佛教认为智慧就是舍弃执著的一种方法。从人自身理性去处理事情和管理情绪的方式中可以发现，如果是用执著，以自我主观的方式处理人际关系，思想封闭，心胸狭窄，最后的结果可能是很自负，最后甚至会玩火自焚，自生自灭了。

所以，想真正得到智慧，应该是靠他人的力量。作为凡人，我们靠个人力量想拥有放下执著的方法，实际上很难。佛教就是这样一种宗教，其核心就是一直教导我们，拥有以后怎么学会放下。

所谓“放下”,并不是完全唾弃,放弃自己已经拥有的一切，而是用另外一种方式生存。也就是说，当我们拥有以后，应该把拥有的东西与大家分享。

如果我们的对象是个完全不懂佛法的人，我们就可以这样说：放下就是在成长过程中学会和不同的阶层、文化背景、生活环境、区域、民族的人和谐相处，用不同的方式生存。重要的就是要放下我执，放下我们习惯的生活圈、习惯的生活模式，甚至是我们固有的是非观念，然后接受和自己完全不同的思维方式、生活方式，再尝试交换心得想法。说起来容易，做起来难，很多时候我们不一定都能完全坦然放下自己的想法，但起

码应该有这样的意识。

我们可以把拥有财富和权力作为目标。而在实现目标的过程中，如果用很极端的欺诈、行骗乃至不惜伤害他人的方法，也可能有收获，但结果不会让人有任何快感。这种所谓聪明方法其实很低劣，因为你在追求目标过程中树敌太多，从拥有了财富那天开始，你也变成了别人索取的对象。这时候，你所拥有的财富就变成了别人伤害你的最大源头。

我们努力去获得学问，得到财富、权力、名声等，都是好事。在得到的过程中，就一定要学会跟别人分享，这一点非常关键。

如果是老师，就应该把他倾力积累来的知识毫无保留地和学生分享。如果一味保守，生怕学生超过自己，做老师就失去了应有的意义。老师的伟大就在于他能够把自己拥有的知识财富，慷慨地和学生们分享。如果是医生，其伟大在于能够为别人解除病痛。科学家也是如此，愿意把自己的知识用在人类生活进步上。另外，在自己没有拥有财富时要努力去争取，在争取过程中尽量不要伤害别人。否则别人迟早也用同样的方式伤害你，最后得不偿失。

如果我们这样感同身受地去对待周围的每个生命，把自己拥有的福报拿出来和大家分享，我们的生命就会变得越来越贵重。无论何时，尊重都是从以身作则开始的，这种以身作则，既是尊重自己的生命，也是尊重别人的生命。生命会因为别人的尊重而产生出非常大的价值。这种价值，尤其体现在我们对周边人的付出中，付出越多，我们得到的名和利就会越多。随着时间推移，我们也越来越愿意和大家分享财富和快乐，这是一个正效应，是一种很好的人际关系场，也是我们的宝贵财富。

所以，一个人的成功不仅仅是自己造就的，很大部分原因还取决于我们周边的环境和良好的人际关系。人际关系的相处是一门艺术。现代社会中，人们来自不同的地方，拥有不同的生活背景，出自不同的教育模式，人际关系尤其错综复杂，处理好尤为不易。

人生成功的重要细节

执著有很多种，其中一种就是努力地工作。比如一个宗教人士对其信仰极为虔诚投入，愿意付出全力，这就是一种执著，一种正面的执著。还有赌徒对赌博也很执著，有时候远远超过了宗教人士对宗教的执著，这是不好的一种。推销员，为了推销产品从中得到利益，对产品的执著有时候也很坚定。

成功者绝对是最执著的人，他对某件事情总是不断重复地做。那些别人眼中的傻瓜、不可能成功的人、甚至厚着脸皮的人，很有可能取得成功，其实这些人的智商并不一定比别人高，却在做事时精益求精。

为了实现自己的愿望，做事时会受到很多障碍。宗教人士在传教中因为别人不接受，就会受到别人的冷落。推销员推销产品也会受到别人的奚落。大家的愿望不一样，但付出的辛苦都很多。要想成功，就一定要付出努力，有的时候努力了也不一定有好结果。

我们不要把自己认为好的东西强加在别人身上，要因人而异，任何一件东西都是有人需要、有人不需要。我们可以把最好的东西拿出来跟大家分享，如果别人不愿意接受，我们就不可以强迫别人接受。比如佛教有 2500 多年的历史，已经验证了它的伟大，是很多人都需要的。但这不代表全世界就都要信仰佛教。人们有不同的信仰，我们信仰佛教不一定代表着我们就排斥别的信仰。

任何行业都会有成功者。但世界上大部分人即使努力了还是没有实现自己的目标，还是很平凡。成功者是少部分，不成功者是大部分，我们不要轻易评论不成功的人。

另外，我们还要尊重每一个努力工作的人，尊重每一个生命体。各行各业都有它存在的价值。比如盖一所房子，就需要建筑工人，还有工程师、出钱的老板、搬运工，都离不了。没有人出钱，建筑工人就不会做工；没有工程师设计，大楼也盖不起来。大家一起努力，才可能盖出漂亮的高楼。那些花钱买房子并住进去的人，实际上是众多人的力量让他有了这样一个机会。所以，要尊重每一个付出辛勤努力的人——出资者、工程设计人员、水泥工、水电工。其中水泥工更值得我们尊敬，他们是付出劳力的人，付出劳力的人更辛苦。

如果我们学会尊重别人，别人反过来就会尊重我们了。这其实就是一种财富，这种财富累积久了就会产生力量。

四十岁，人生中转站

人到了四十岁左右，一般是人生积累比较好的时候，往往也是比较迷茫的时候，很多人面临着这种转型的困惑。这样的人不是没有财富，在别人看来精神财富物质财富他们都具备。如何去转化这些财富，很多人都有困惑。这些人中，有专家学者，有高级职业经理人。从佛教的角度来讲，他们只是聪明能

干，而没有智慧。因为他们迷茫，实际上还是没有安全感。对下一步自己所要做的事情，遇到困难挫折时不知道怎么处理，害怕去面对。以前二三十岁时一身是胆的状态没了，雄心霸气没了，被社会磨得差不多了，难得有了点成就，怕失去名，怕失去利……

我们应该这样做：选择做一些自己喜欢的事，哪怕失败了，觉得做得快乐就行了。人的一生当中，每天都在做重复的事情，在重复当中去改变，改变其实并不是很大。比如有人选择做慈善。做慈善，无论在精神上、体力上还是财力上，都要付出很多。如果这种付出让你觉得快乐，尽管花费了钱财，还要搭上时间自己身体力行，也不会有怨言。我认识很多做慈善事业的人，最后累得自己浑身是病了，即使到死也很欣慰，很快乐。这是因为他选的生活和事业让他觉得为此付出时间和精力是有价值的。

人在二三十岁时的选择都是在充实自己的知识技能、社会经验和争取名利的道路上。而等到四十岁时需要选择的是，要想想我们接着活的每一天到底有什么价值——是做个行尸走肉为了一日三顿温饱呢，还是开着名车兜兜风旅游这样晃悠着过日子？或者是把自己所累积的财富拿来和别人分享从中得到满足呢？

其实，我们应该把自己生存在这个世界上的价值凸现出来，四十岁以后应该让自己的生命有光亮。我们燃烧自己这根蜡烛，而把别人照亮了，我们要静静地享受照亮别人的感觉。当我们感到自己生命价值时，就不会有任何恐惧感。

有个台湾人，是个大电子公司的老总，赚了很多钱后到西北做慈善事业，后来病了，最后在那里为自己最喜欢的事业而往生，他很快乐。宗教人士为了传教而往生的也很多，他们同样是快乐着离开这个世界的。

人应该选择一种让自己生命过得有价值的生活。如果我们活了很久，而对社会却一点贡献没有，一辈子都在消费财富，最后死的时候回想是一场空，没有做对自己有意义的事情，对别人更没有做什么有意义的事，这个时候是人真正遗憾的时候。

四十岁的人大部分已经积累了很丰富的人生经验，如果可以在精神层面对别人多付出一些，那就很有意义了。所以，为什么很多人讲“四十岁以前为今生而活，四十岁以后为来世活”。所谓“为来世活”，并不代表说只是为了死亡以后活，而是让你在四十岁以后身体机能越来越差的时候，要珍惜生命，让自己的每一天都很有意义。

尽量为社会为众人去奉献付出，过得坦然，到死的时候回顾所走的路，如果有来世，就没有恐惧心，就不会因为觉得自己人生过得没有意义而恐惧了。

四十岁以后选择一个你认为快乐的方式去过就好了。这个

快乐，每人的标准不一样。有的人觉得赌博很快乐，有人买名车飙车算是很快乐了，这些快乐是短暂的，他的苦永远会比快乐多。像我的弟子中,就有很多人喜欢买名车,买后没快乐几天，为找个地方放，不是租房子，就是专门买房子，又要花掉一大笔钱。如果放在那儿不开，车就会坏，于是要有人开车，但自己没有时间和体力，只能找人开，又怕人家偷……这一系列的烦恼就来了，所以这些人的快乐是短暂的。

在为别人付出当中所得到的快乐是真正的快乐，是永远的快乐。比如一个孩子因为贫穷失学，我们花一点钱就可以让他继续上学，这个孩子可能因此会考上大学，也改变了他的一生。每当想到这些时，会觉得自己非常伟大。这种为别人的付出，才能为自己带来永恒的快乐。

天上掉的馅饼好吃吗

人生很短暂，我们认识的很多人，十年二十年前享尽荣华富贵，好像全世界所有福报集中到他身上，后来就贫穷潦倒，满身疾病。这是什么呢？福报用完了。所以，得到太多，千万不要太高兴了、太得意忘形了。有时候你承受得太多，就像人死前会有一个很精神的时间段叫回光返照，今生留下的福报一起承受在他身上，他会突然好起来，脸色会很好，精神也会很好，讲话也会很有力气，你觉得他好了，但他很快就会“走”掉了。我们的福报，如果太顺了，事业太顺了，家庭太美满了，做什么事好像不用努力就从天上掉馅饼一样，真的要小心你的所有福报快用尽了……

以前有一个非常伟大的仁波切，叫忠囊活佛，他有一个弟子是证券公司的老总，每次都说：“您给我修财神法吧，您要什么我供养给您就行了，您待在我家里修吧。”仁波切说：“天底下没有这种做法。拥有财富是你的福报，我可以给你修财神法，你有多少福报你才能得到多少。我警告你不可以急于求成，财富不是我可以给你的。现在你这么求，你这种贪婪越大，会让你后面的福报提前成熟先用了……”“我现在成熟就好了，管他以后呢！”仁波切就说：“好，后果你自己负责，你要谨慎。”慈悲的仁波切于是尽自己的能力满足他的愿望，他也做了很多功德，在印度、尼泊尔等地帮仁波切盖庙，他还经常把仁波切关在他的别墅里修财神法。他发愿说希望自己快点变成最富有

的证券商。后来，果真如其所愿，所有人都说他是最厉害的“股神”。后来仁波切年纪大了，在香港涅槃了，然后他从天上掉到地上，因为诈骗进了监狱。这样的人很多。所以很多时候福报是应对轮回，这一生希望好，所以来世就是明天的不断延续。任何时候你都要给自己累积福报，靠个人的发心去做。在顺的时候要更谨慎，提醒自己，也许这个福报用完了就没有了。你可以看看有一批这样的人，我们很多人前半生很痛苦的，从年轻时代经历了很多磨难，成长过程中屡屡不顺，到了晚年以后幸福不得了，身体健康，家庭美满，儿女孝顺。

那么还有一批是什么人呢？他们年纪小的时候就享受荣华富贵，我以前认识的一个人，连马桶都是用黄金做的，选美小姐比赛都是他组织的，到了晚年得了糖尿病，身旁的人一个一个散了，最后发现，一直以为的纯金马桶只是个镀金马桶，根本卖都卖不掉了，家里的古董也都是赝品。原来是有人骗了他的钱。他有钱的时候乱花，到最后很凄惨，连治疗糖尿病打杜冷丁的药费都没有。我有一位朋友，三十多岁在国内富豪榜上就有名了，他曾经认为全世界就他是最强的，他是最聪明的、最有能力的——你们几万名员工就是靠我吃饭，我对国家每年贡献税务是多少，国家应该感恩我，父母没有我之前没有那么好地方住，吃住穿全归我管，他们都应该感恩我——所有人都要感恩他。一天突然生了怪病，属于概率只有百万分之一的疑难杂症，在病床上躺了一个多月，昏迷了七天，是不可能药治的。没想到第七天早上做了个梦——山上有一个小庙，有一老一小两个和尚。有一天，老和尚带小和尚下山化缘，小和尚看到山下的村庄太好了，就想留下来，一会儿一回头，老和尚最后是把他拽到山上，他还是念念不忘山下村庄那些吃喝住——就这样醒来了。这一下他彻底变了，看到谁都感恩——“是你们给了我这样的福报。”然后跟我讲：“我以为我多有能耐，原来是供奉了一辈子观音的福报，没有想到和尚没有当成，眷念红尘反而投胎到这里来。原来我供奉观音，只是投胎让我做一个有钱人，前世念念不忘的部分现在都已经成为事实了。”

珍惜自己所拥有的，多想一下自己拥有了什么，少想一下自己没有什么，不要总想我没有什么而人家有什么，这很难受。你自己总是有缺的部分，修行也是如此，多想一下人家修了什么、我没有修什么，这个部分可以多想一下，自己缺什么、人家有什么，这是可以攀比的。就像大家比银行里的存款谁多，房子谁买得多，福报银行里面谁存得多，这个可以比，大家比的方式不是妒忌而是赞叹，随喜别人有这个能力。这个福报不要小看，真正一直累积下来，你想拥有的时候，你祈祷的时候，就有了，自然而然会成熟了；你如果不累积，你想要的时候再祈求，就是临时抱佛脚，想得到就很难。所以修行的时候多精进一点。

慈悲喜舍，准备受苦

有神论也好，相信轮回也好，只是告诉你说，要相信自己会继续。像现在我们谁都不愿意承认我明天不在，你怎么能确定你明天在？明天也许就是所谓的来世。所谓现在的这个我，没有一个实体，它的灵魂本身是没有过去，没有未来，它一直像现在这样下去,而我们现在认为自己长大了,变老了，是因为我们灵魂的外衣即身躯在一天天衰老。父母给我们的躯壳一直在变化,由此我们认为自己在从小变大,又从大变老，有这样一个过程。躯体之于栖息其中的灵魂，就像一座房子之于它的主人。就像我们买了一个房子，刚买的时候很欢喜，是新房子,过了几年变成了老房子,慢慢就变成旧房子。所以，相信住在里面的我们，这个房子老了以后还有机会换一个新房子的概念，要确信自己的灵魂还会一直延续下去。我们需要有这样的方式让自己相信“我”是在的,因为你是有思想的。没人从外面看你思想到底长得怎么一回事，我们只能用外表看，看你眨眼睛的动作，看你讲出来的语言，那么思想上的活跃只有自己最清楚，所以你是存在的，就是西方人笛卡尔说的“我思故我在”。当我们死亡的那个时候也会像我们做梦一样，外面的壳已经停顿在那儿，但里面还有一个活跃的思想乱蹦乱跳，想到哪儿就飘到哪儿。如果要问我，人死了以后灵魂会怎么样，我感觉就好像做梦一样。

那么，有了这样的心态、这样一个灵魂，它的好以及它的坏从哪里产生出来？当然就像我们刚刚比喻的房子一样，房子的好坏需要我们去呵护，呵护得好就可以永久使用，而它也可能很容易坏掉。我们对自己的壳都是很珍惜的，佛教里称为我执，我们也不太认为它会变化，但它一直变化，我们没有感觉，这种变化叫做无常。在这种变化无常当中，很多时候我们希望生命永恒，可谁都不太可能，因为我们投胎来这个娑婆世界就是要历经苦难。生下来不哭的小孩，几十万里只有一两个，大部分都是哭着来的。哭着来这辈子就是这样，受苦受难。人们永远都是想抓一个事情、抓一个东西让自己有点安全感。如果只是想我要给我快乐，我要快乐活下去，那会造很多的自私出来，所以怨天怨地认为别人负于他。这种越爱自己的人是越自负的。

佛教里为什么提倡慈悲心呢？你对人慈悲，别人就会对你慈悲，长久下来最有福报了，我们要先尊重自己的生命，要让众生对自己好，要让自己在这个世界上越来越有福报。你先要想到你为别人做了什么，多想点这个很重要。佛教一开始教导我们“先看看你自己的心灵吧”，然后再看看你到底为别人做了什么。这样你才有权问别人给你做了什么。大部分时候我们都在问别人给了我们什么，不会问自己给了别人什么，所以对

社会常有埋怨不完的事。因此先要从自己的心灵开始做起。

珍惜任何一个做慈善事业的机会，哪怕你身体做不了那么多，言语做不了那么多，天下的好事不可能让你全部去做，天下的好语言不可能都让你去讲，而人的思想是无边的，可以由你自由发挥的，没有人阻碍你的思想所付出的东西。

你讲给别人听，别人要不要听是一回事；你要帮助别人，人家要不要你帮又是一回事。你随时随刻都可以发善心，希望自己所做所讲的任何一件事情都是为了帮助其他众生。有了这样一个慈悲的心，我们听闻佛法才有真正的功德。释迦牟尼佛时代有个故事，说浊世来临，一个国王做了一个梦，沙漠里有口井，里面满满的水，在一个人后面追；那人口渴不得了在沙漠里找水，四处跑，后面的井追着他说“你喝了我吧”。国王醒来后觉得这个梦很奇怪，就去问释迦牟尼佛。佛祖说，浊世众生都是这样的，他需要佛法，需要信仰，但他不会自己去找，而且需要用还不愿意用；所以修行人就像井一样在后面追，你喝了我吧，我把佛法拿来了你好好修吧，苦口婆心去劝解。

当然，寻找井就更重要了。有些井一开始就被沙漠的灰尘染成浑浊的了，一些变成毒水了，一些还保持清澈。凡夫俗子最怕就是从众心态，大家都说好，就一股脑全上，渐渐地就惨了，好东西都被用完了，剩下全都是不好的那一面，到时候后悔来不及了。多用自己的耳朵去听，听过还不是真的，多用眼睛去看，看过还不是真的，然后多用心去想，先看这些上师们讲了什么，他自己讲的有没有做，他做了什么，所做的事对社会有没有贡献，各方面去观察衡量。高僧大德们在寻找上师时讲的第一个条件就是具备完整的慈悲心。

如果一个上师有完全的慈悲心，那么其他的功德自然而然就有，有火必然可以做饭，也可以煮水，由火产生热量那是正常的。哪怕他不会讲经，不会说法，我们能不能听懂他的心语？如果语言沟通不了，还可以用心去感应心。比如我们宁玛巴有个大师，跟他的师父中间隔了两百多年，他到师父从前闭关的山洞里，坐在那儿天天念经祈祷，师父就出现在他面前，两百多年前的师傅跟两百年后的弟子用“心”教佛法。现代人用科学道理想觉得是不可能的：天下还有这种怪事，两百年前的人怎么还会出现？但这个弟子出来后讲的佛法跟师父一样好，这就是证明。

人活着要的是什么

每个人活在这个世界上都有思想在主导，但一直以来我们所孜孜以求的都是怎么充实自己的知识、怎么把自己的外在形象做好，而忽略了内在的修养。好比煮一锅水，我们只看这个锅怎么漂亮，没考虑锅里面是否脏了。人的内心本是主导者，但我们没有好好反省。我们自称是非常优秀的民族，是礼仪之邦，拥有仁义礼智信，实际上反观现在社会，你看到彼此间有信可言吗？人与人之间都不打招呼了，邻居之间都不认识了，何来礼仪可言？连自己最亲的亲人都很少用心去沟通了，我们会把心摊开给别人看吗？这种冷漠是谁造成的？

当我们反省后会发现什么呢？人人都生病了。人们习惯于索求物质，用加减乘除来衡量自己现在拥有了多少，而很多东西并非我们算术好就可以掌控的。很多时候是整个社会、整个环境掌控着你这个人。你认为你拥有了，有时候反而很快失去了。我们总是认为人的快乐与否与所拥有的物质财富相关，所以盲目地追求物质。就像二战以后的日本，整个国家经济崩溃，那时候强烈的危机意识造就日本快速累积了大量财富；经历了二三十年的经济繁荣，日本却成为了全世界高自杀率的国家，就是大家在追求物质的过程中忘记了信仰。很多人不是没成功而自杀，而是成功后不知道接下来要做什么。这一辈子的拼搏努力终于得到，可是以后为何而战？

为什么德国没有产生这样的情况？它们同是战败国，德国人在崛起的同时没有像日本人，原因是什么呢？很多社会学家、人类学家认为二战后德国人会发疯，因为他们遗弃了上帝才会成为魔鬼发动了战争，造成了对犹太等很多民族的伤害，所以战后“找回上帝”是他们发展经济时的另一个目标。

由此可以发现，在物质积累的过程中要有信仰才能达到内外的平衡和谐，才能够在物质发达后心灵也同等强大。信仰不是固定的，并非只是指某种宗教。对自己所认定的某一件事情或者某一种想法，为它付出、追求一辈子，也许什么都没有得到，但最后也不会后悔，你为这种坚持获得了强大的力量和支撑，那就是一种信仰。比如科学家信仰科学，为了造福人类发明新科技，音乐家谱写乐章，如痴如醉去追寻，科学和音乐对他们而言就是信仰。就我而言，我坚持我的信仰，因为深信而充满力量，永远不会感到困难挫折，我活着就是因为我相信佛陀的教诲。我相信它并不是它能带给我什么，而是我要为我的信仰而奉献自己。

我有个弟子是芭蕾舞团团长，她告诉我她一辈子的信仰就是芭蕾舞，一辈子就想在舞台上跳着芭蕾舞，一直到死为止。她接触我以后开始学佛，到了拉萨以后，我们在雄巴拉大酒店，有一个舞台很漂亮，我说，你去好好跳一支舞，她说没有问题，

跳了半小时，太兴奋了。跳完我们给她鼓掌，她就倒在上面了，是缺氧。她后来说，在跳到感觉到快死亡时，她才发现自己虽然喜欢跳舞，但真正信仰的还是佛教。

通常来讲，我们追求财富和健康都不是错，但如果在追寻的时候，它带给你的是承受不了的痛苦，带给周边人的也是无尽的苦难，这就表示你已经变成它的奴隶了。思想跟物质两者无法分离，我们的灵魂跟我们的身体怎么分？灵魂离开身体，人就不叫人，叫尸体；如果只有灵魂，没有身体，我们叫鬼魂。这两者必须综合起来，才是一个正常的人。灵魂掌控不了身体，叫做植物人，也不是一个正常的人。这两者一定要健康地并存才可以。拥有一个健康的身体，大脑也是正常的，我们就需要追问几个问题：人活在这个世界上到底在追求什么？我们对物质的追求难道不是为了让灵魂快乐一点吗？我们想拥有钱，拥有车子、房子，就是希望让我们的灵魂有安全感，起码让它不恐惧。一个人没有房子是不会有安全感的，有了房子，有了安全感，然而自己的心无家可归，安全感很快也会消失。

身体、灵魂都需要一个家，只要用心找寻都不缺乏。改革开放以后，我们中国人只花了三十年时间寻找物质，就得到了，得到了以后该怎么去维持它，实际上是很大的问题。人脉也好，财富也好，都可以累积。我多次提起，赚钱靠聪明，花钱要靠智慧。任何时候，不管得也好失也好，我们总有一杆秤。失去的不代表永远失去，总是会找回来，而找回来的不代表你会永远拥有。这个世界上任何事情都会变化。变化的时候，得的失了，失的得了，能够不让我们的思想、我们的心灵起起落落的，就是我们的信仰。

几千年下来，那么多人拜佛拜观音，如果没有一些神奇的加持力，没有通过我们的虔诚心去改变我们一些命运，这种信仰也不会传承至今。两个人坐在一起，彼此都有不同的能量，没看见不代表它不存在。我们没有空气能生存吗？可我们有谁看得到空气？不知不觉中得到的加持力，是我们凡夫俗子肉眼看不到的。但是，用心能感受得到。空气的存在是因为你要呼吸，你去感受它的存在，你就发现它是那么灵活那么清楚地存在。

生活在这个世界上，除了满足自身生活的物质需求，人在精神层面的需求也至关重要。信仰是一种面对生命面对困难挫折的强大力量，可以当依靠。一个有信仰的人，遇到重大选择或困难，极度悲观而失去信心，可以找他的宗教师以疏解情绪。

佛教认为一切都是因果业力造成的。人们可以净化，净化完了，生命中的痛苦挫折就结束了，就可以开始新的生命。忏悔过去所做的恶事，反省后新的生机又开始了，“我”便永远存在。这就是宗教可以延续几千年依然那么有影响力的原因。它永远不会给你关上一扇门，让你找不到前进的方向，而是会给你指引道路，保存希望。

第九章

生命与生财

自我执著的身体空了，叫做『人无我』。外在环境、物体，到最后也不可能是真实存在，这叫『法无我』。有这样的心态，人生好过很多。

佛陀的生命苦行

伟大的释迦牟尼成佛后，讲的第一句佛法就是“苦”，连续三声。为什么佛陀这样讲？按理说，佛陀是不应该叫苦的人，如果我们把他当常人来看，他什么都有了。我们常人最羡慕的是什么呢？我们每个人一辈子去追求的是什么？金钱、权力和名声。佛陀从前贵为王子，拥有世间的财富和无上权力。人世间所有好看的、好穿的、好住的他都有了，他享受着荣华富贵，但所有这一切没能带给他快乐，所以他的“苦”，不是像我们现在这样手上缺钱缺权的苦，而是真正领悟这一切世间的物质、权力、掌声、赞美都无法带来内心真正的解脱。

现在整个亚洲最豪华富有的是香港了，很多人都想偷渡去香港，可看看香港人的幸福指数，我不想去。那里高楼大厦林立，好像都是钢筋水泥打的桩，人都在里面。记得我 1994 年第一

次到香港，那时候人生地不熟，住在一个居士家里，是三十二层楼，房间非常小，他住里面一间，我和另一个活佛睡客厅，每天又不知道去哪儿，然后从窗户伸出头来看，只看到下面小缝隙里有车子在走、有人在走，就想这样的生活怎么过。难怪有人会说是鸽子笼，那个时候真的感觉到自己像鸽子。这么富有的地方,买不起房子的人比比皆是。我看到大家的那种走姿，在藏区只有丢了东西去找时才会有这种步伐，发达地区的人好像都丢了东西在寻找东西、丢了钱在找钱。就这样忙啊忙的，可你们真正地快乐吗？实际上都不快乐。全世界依照幸福指数来讲他们是往后的。佛陀早就讲了，你拥有钱财带给不了你真正的快乐。整体来讲是因为什么？忽略了人的信仰。现在我们看到全世界比较幸福的地方，像一些欧洲国家，它的人民福利制度、医疗保险制度都是非常健全的，另外一个好处是它有宗教信仰，很少有人没有宗教信仰的。在我们周边，全民幸福指数最高的是不丹，我们去之前还不知道那么穷，去了以后知道，那里的地理环境和我们藏区差不多，但是物质条件落后很多，所以我想：如果到嘉绒藏区做一下幸福指数调查，应该会比不丹人高很多。原因是什么呢？因为嘉绒地区，我们所使用的现代设备几乎都有，宗教信仰又非常虔诚。

有一段时间大家都追求物质，有一点退化，特别是二十世纪八十年代到九十年代初，大规模砍伐森林，大家都跑运输，所以家家买卡车，最多的时候四台卡车，小孩子只要年龄超过十二岁就出来先学开车了。所以，砍伐森林对大自然造成的破坏，害了一代人。

那个时候我们这些当喇嘛的还算幸运，有点文化知识，其他人很少有小学毕业的，能够读初中的寥寥无几。几千人甚至上万人，他们只会怎么修理卡车，怎么开卡车。国家退耕还林令一发布，所有卡车都没用了，刚开始不想卖，因为花了十几万二十几万买下来的，总不能便宜卖掉，忍一忍看看价钱能不能卖高一点，一年两年下来，最后是两千块三千块卖掉。从开拖拉机变成买大卡车，从买大卡车变成家家户户有几十万的存款，然后吃老本，中间一段时间退回到贫穷，当然现在又恢复起来了。那个上上下下的过程是无常的，那个时候很多人就觉得自己富有，那段时间大家为了钱财几乎都疯了，除了修行的喇嘛，很多人都拼命搞运输，对信仰都有点淡。但经过那样的变故以后，他们终于知道佛教所讲的无常是什么，很多年轻人开始反省，做佛教的虔诚信徒，非常虔诚，非常值得欣慰。

远离浮华

我们的信仰、我们的修行，有时候是不坚定的，需要鞭策自己，但当你坚定时你要赞叹自己。我们的习惯是让别人来赞叹，但这是不会长久的，好像伟大的释迦牟尼佛离家出走，就因为赞美的声音太多了，从小被关在皇宫里享受荣华富贵，从来没有看过人老，也没有看过人生病，降生七天妈妈就往生了，所以从那以后被姨妈带着长大，天天看着皇宫里的歌舞升平，觉得这个世界到底是不是现在这样，因为他越看越麻木了。

你想，不管你住多么好的豪宅，住了又怎样，你刚搬进去时很开心，第二天早上打理豪宅，面积大或者是房间过多，你甚至会因为不知道要睡哪里而产生烦恼。我的弟子里也有不少这样的人，因为太多房子而不知道要住哪里而烦恼，因为太多车子而不知道开哪辆车子烦恼。伟大的释迦牟尼佛早期烦恼也是如此。什么都有了，他不知道该怎么办，他带着亲信离开皇宫，从东南西北四个门离开皇宫，然后看到是什么？看到人老，看到人病，看到人会死掉，然后又看到人会投胎降生。这时候佛陀就想，每个人既然要经历生就会老，人都会老的，年轻时候那种傲气、那种强壮的体力都没有了。曾经是世界赛跑前几名的、举重前几名的，到了老的时候，连自己的身体都管不了，走路都走不动。还不用老，一生病就可能是这样。人本身很脆弱，我们现在强壮，好像身体是钢铁做的，一旦生病，就像鸟被石头打中了一样，就脆弱得连睁开眼睛的气力都没有了。既然如此，佛陀就觉得应该找一个远离生老病死的方法，所以他到处打听，不想继续过荣华富贵的生活。有人告诉他去找仙人，也就是婆罗门的修行者，他们有这个方法。看到他有出家迹象，他父亲不让他离开皇宫，让人守着。他是午夜跑的，有的说他是骑着白马跑的，有的说四大天王帮他抬着马脚所以没有动静。他离开皇宫了，去寻找解脱的道路，过程没那么轻松。哪像我们现在很多学佛的人，今天学佛，明天就以为所有业力都改变了，后天就觉得自己跟成佛很近了——活着的时候不好好修行用功，死的时候每个都说该去西方极乐世界了，好像只要我们登记一下当个佛教徒，极乐世界的门就是为我们敞开的，想去就去，随着自己决定。

佛陀整整苦行六年，什么也没有悟到。佛教经典故事里说，有很多妖魔鬼怪在旁边吹喇叭骚扰他，都没有办法让他醒过来，最后因为连米水都不进了，只剩下皮包骨。这时候也没有觉悟。你真能相信伟大的佛陀需要这样苦行来折磨自己吗？这告诉我们这些佛陀的追随者，别太过度期望自己能够坐超音速飞机成佛。我们这些凡夫俗子，一天花多长时间修行了？你不能因为你皈依到现在的时间长短，来认为你的修行有多长。这只有人世间的倚老卖老才是这样，修行哪能这样。佛陀苦修六年后发

现这样没有办法成佛，所以接受了牧羊人的乳酪，然后身体恢复了。当他恢复的时候，很多陪伴他修行的人（他当时带出去的眷属）离他而去，特别是五个随从。当时婆罗门以苦行为主，你怎么可以违背呢？你讲你为众生找一个脱离轮回、了脱生老病死的道路，怎么自己开始享受呢？佛陀接受了乳酪，他的追随者就离他而去了。

佛陀觉得这样的苦行只会折磨自己，到最后什么样呢？就像一个坐船的人，还没有到彼岸，就把船敲得破破烂烂都是洞，你怎么修下去？一个人只剩下皮包骨，怎么修？哪怕你悟到什么东西，要去传教，你身体都拖不动！如果我们没有一个健康的生命、健康的心灵，你怎么去修行呢？佛陀后来选择走中道，实际上就是开示给我们看，让现在追随佛陀的弟子们产生虔诚心。

引渡欲望

佛教徒必须得踏踏实实地修行，有没有一些方法是可以让我们比较快速解脱？有。小乘佛教以比较自我的方式，以了脱自己作为学佛的目的；那么有了大乘佛教后，我们就知道了，原来我们身上的业力竟然是靠众生而来的，我们要还给众生，一个自私的我是不可能那么容易解脱的。到现在为止我们已经很习惯自私了，至于无私，嘴上说得简单，光叫人家去做，实际上，虽然我们明明知道人的自私是所有痛苦的根源，但要自己拔掉它不太容易。

作为凡夫俗子最悲哀的地方是什么呢？我们喜欢把持着伤害我们的东西。不像佛陀那样遇到这些事情，他可以很快找到了脱生死的方法，甚至把所有痛苦的根源、消灭痛苦的方法指引给我们。佛陀可以做得到，我们凡夫俗子呢？一个人只有积德行善，才会真正让我们的生命产生福报，才能真正拥有快乐。可是我们有几个人舍得为快乐做一件事情？很多人心里烦恼痛苦，是因为他太执著某件事情，或者贪婪，或者他某一种疑心病，周边的人开导他，他如果跟着一想，很快就能解脱，但他不要，他宁愿痛苦。

你维系着痛苦的根源，如果你快乐还好，但你又快乐不起来，你干吗还一直维持着它？为什么佛陀一定要把造业总结为十个不善？他本来与生俱来，自然形成。就拿杀业来讲，谁喜欢自己被杀？不要说被杀，有人斜着看我们一眼，我们都觉得很讨厌，从我们身上拔一根头发我们也会很舍不得。反过来看到什么？看到鲨鱼，就想切鱼翅来吃，然后海洋里的这些动物、

陆地上的这些动物，我们只要看到，就觉得它们生来就给人吃的，我们有权力杀它……所以有的时候，人很悲哀，谁给了我们这样的权力？又是哪一种文化影响了我们？一直以来都认为别的生命是由我们掌控它的生死大权的，不是从现在开始的，也许就是原始人恶劣本性的产物。古时候异己部族的人会被杀掉，拿来祭天，或者把战犯、奴隶、佣人、仇人随意杀掉。

很多人遇到困难挫折，遇到烦恼，从来不好好检讨自己到底哪里出了问题，永远怪罪别人。人没有信仰，就没有办法看到自己的缺点毛病。在一群没有宗教信仰的人中间，会发现周边好似行尸走肉，他不会对别的生命有尊重，因为他根本不认为你跟木头有什么差别。没有宗教信仰，没有轮回观，没有对生命尊重的价值观，怎么提升呢？所以他不懂得尊重生命，那“为什么我要保护你，为什么我不去伤害你”，他想不通。所以，为了自己在社会上遇到一些挫折，好像整个社会都欠他一样，不知道这是自己的业力，是前世所种下的恶业，自己不懂得检讨，然后发泄在无辜人身上。

你看，经过媒体大肆宣传后，人的这种魔鬼性质被广泛传播，恶劣到什么程度？报道一个人自杀了，他会模仿；一个人对社会有仇恨，去杀人、抢劫、犯罪，也有人从众模仿。人的从众心理本来就很强，做好事我们去模仿很好，但恶劣的事件过度渲染以后，会带来很大的反面效应。很多人本来就没有尊重生命的概念，经过媒体的“教导”后，他什么都学会了。

佛教尊重生命，尊重人，尊重动物，甚至对看不见的鬼道众生都一视同仁，对方不管信不信佛我们都一视同仁。佛教的包容性是无边的。佛教徒面对其他没有宗教信仰者都是以我们的父母来称呼，为了利益天下一切如母众生。佛陀教导我们：当你只是拥有，不会带给你快乐，你要选择舍出去，包括尊重别人的生命，不去伤害别人，这样你的生命才会受到尊重，你的生命才有保障，这个世界上能够平安祥和。从来佛教教导我们是以德报怨，以慈悲报伤害，非常伟大。

第十章

佛教修财神

财神不可能给你创造财富啊，诚心修财神，财神对我们最大的帮助只是能疏通管道，财富如何通过管道来到我们身边，还要看自己的播种状况。

揭开财神的神秘面纱

在中国人眼里，提起财神，无人不知，无人不晓，很多人也都有拜财神的经历。但是财神崇拜是怎么回事，就不一定人人都知道了。其实，早在远古时代，人们崇拜万物，敬天敬地，希望天地能实现五谷丰登的愿望。那时候是以农耕文化为主，就是希望老天爷能够让老百姓在一年农忙以后有丰收成果。最早的民间求财神就是这样慢慢延伸出的一种文化，即每个人都希望自己付出的努力能够得到圆满的结果。学习、做事，或者是创业，总希望得到祝福，达到好结果。当然，很多时候人们自己是掌控不了的，努力过后，有的人成功了，有的人不一定能成功。所以，有的人寄希望能有神秘力量——超人的力量——来协助他实现愿望。为了实现美好愿望，产生出信仰。

不同民族、不同宗教，拜财神有不同的习惯。宗教可应对

人的很多种需求，涉及文化、经济、健康、智商甚至情绪管理等方面。在汉地，古代读书人会祈求文昌帝君，让自己的知识层面越来越高。佛教徒为增长智慧，希望得到文殊菩萨的加持。在藏区，有的人期望把情绪调伏好，就祈望产生慈悲心。有的人渴求越来越多的财富，盼望仕途越来越顺，就有了拜财神的信仰。

藏传佛教里以财宝天王为首还有众多的财神，打个比方，如果财宝天王是国王，其他的财神就分别是宰相、将军等等。佛教有修财神这一说，听起来好像挺俗气的，但当我们明白了这种修行的根本，就会发现这种思想一点都不庸俗，因为人生在世，本就希望拥有健康的身体、长寿的生命，还要有心灵的自在、言语的重量。

作为一个有信仰的人，会完全相信这样的观点，只要他能够照着去做，就一定能实现愿望。如佛教认为，人们不管是求财富、福报、健康、智慧还是名利，都必须先付出，只有播种才可能有收成。佛教最看重的就是因果——我们想求一个结果，到底有没有先去种下一个因。相应地，人们拜财神，其实是学习财神为了众生的需求而愿意施舍给众生一切的播种心态。我们如果有了播种的心态，就会有收成。这就是“舍得”。“舍”就是对应我们的廉耻、贪婪等等。我们往往所习惯的是想方设法去争取拥有，拥有一切是我们的目标，很少能好好思考拥有到底是从何而来。佛教认为一切的拥有是靠自己的福报，如果你没有播种，那么你就不会有收获。

我们必须舍得播种，应该多做善事。多做善事，福报自然就会到来。善事怎么做？很简单，有钱财就布施我们的钱财，没有钱财就布施我们的体力，或者布施我们的言语，真诚地发自内心地赞美别人，希望别人过得越来越好。总之，能为别人做什么就做什么，如果做不到，也要用心去想象，在想象中让内心产生强烈的播种力，就会有收成。

其实，人们求财的想法，是一种欲望的表现。求财神会有用，一些事不顺，贵人相助就是力量，就像你现在手上缺钱，找个朋友借是可以的，你修财神也可以借得到。你可以拿到这笔款，但你必须得回馈，否则就是你不知道感恩，你会破更严重的财。

财神是个管道工

既然财神教我们只有播种，才有收获，那么藏传佛教里的财神也只是帮助我们获取财富的一个管道工或水电工而已。为

什么这么说呢？

我们可以作一个比喻：我们的财富是水库里的水，而自己的一生福报是水库。水库里有水，管道也很顺，自来水就会平顺地通到家里。如果管道生锈坏了或是有人蓄意破坏，那么我们就要请人把这些管道修好。这些人没办法让天下雨，也不能造水库，能做的就是把送水的管道疏通。至于水库里能蓄多少水，这要看我们播种的了。如果我们自己没有修水库，水电工也帮不了什么忙的。

所以，诚心修财神，财神对我们最大的帮助只是能疏通管道，财富如何通过管道来到我们身边，还要看自己的播种状况。

有些人可能不理解，以为修财神就是祈请财神给自己金钱和福报，只要修财神法就一定能修得来。财神不可能给你创造财富啊，所有的财富都是从自己的播种、善的福报当中带来的。你只有前世播种、施舍才可能有今生的收获，要不然你就要乞讨了。修财神，就像你水库里已经囤积了水，本来该属于你的福报，因为有障碍或者是不成熟没有自然地收到，通过你这样的供奉，把你该有的福报给你带过来。不是说把你没有的拿过来，而是你有的，他可以给你修过来；修通管道，破除了障碍，让它来了。这也可以比喻为银行的提款卡，虽然你有钱在银行里，没有提款卡，你肯定提不出来；你可以全部取出来，也可以一点点地取。有些人一下子把所有的福报全用完了，用完了你就没有了；有的人能够创造很多财富，但来得快，用得也快，是没有福报的。

胸襟越大，事业就越大

大家常说要修密宗的财神，因为密宗厉害。这个厉害实际是藏传佛教财神文化和其他民族财神崇拜存在的差异。

其他文化中的求财神，你烧香去求就行了；藏传佛教的修财神有它独特的供养方式，我们怎么付出、怎么得到的方法全在里面。

求财神和朋友之间的相处一样。如果有人每天拿点水果来，今天求几十万，明天求几百万，不管是多么富有的人，很快也会厌倦，会烦。从维护人际关系来讲，这样做很难行得通。这样做没品位，没有付出心，无节制地索取会让心贪得无厌。由于有这种贪得无厌的心态，当没有得到时就不会想自己到底有没有付出。如果得到了，就觉得这个财神很灵；如果没有得到呢，可能会对佛菩萨产生怀疑，动摇了自己的信心……从自私

的角度修财神，大部分是得不到。

想想看，点一把香给财神，财神很慈悲，给你十把香的钱。一把香多少钱？两三块钱。给你十把香的价，二三十块。你还不满足，财神为了满足你，好，给你一百倍，两三百块。你会觉得发财了吗？不会。财神把上百倍的钱给你，几千块都给你了，你还不觉得发财，还觉得财神不够慈悲。这样，你很快就会厌倦财神，财神对你更是厌倦。不是财神不慈悲，问题出在你贪得无厌，无休止地贪求。人与人之间这样相处下去，所有朋友都会离你而去。

藏传佛教教人们求财神有所不同。首先，我们要供养十方的诸佛菩萨，供养财神，先要捐献出去。其实，我们捐献出去的，佛菩萨会吃吗？不会，只会拿去施舍给穷人。如果我们有这种财力，我们就做；没有财力，就会让我们先付出劳力，付出美好的语言，付出美好的思想，再由此方式得到财富。也就是要告诉人们：只有先播种，才会得到东西。

藏传佛教教人修财神不会很快速。今天修财神，明天就要收获，是不可能的。而是让每个修完财神的人有这样的想法：我应该多做善事，这样我就会很有福报。

就像人们之间交往一样：人们相识以后，我今天请你吃顿饭，明天再请你吃顿饭。我不是有目的的，就是有目的也没关系，彼此礼尚往来就好。当我需要你帮忙时，你绝对会帮我，因为我们是好朋友，我有付出，你也有回应。

藏传佛教的修财神，为什么很多人说很灵验呢？因为其一开始就不是教人们去贪，而是教人们怎么从付出中得到收获。这种修财神的方法，会让人胸襟越来越大，机会就越来越多，得到的福报就会加倍。

佛教不提倡恋财，我们不能排除某几个和尚恋财，人毕竟是人，并不代表他穿了袈裟就不喜欢钱了，包括我也挺喜欢钱的，但不恋钱。喜欢钱而不恋钱，有了钱好办事，有了钱做慈善事业方便，盖学校方便，盖庙方便，盖养老院也方便，为什么不要钱呢？但是恋钱就不好了。

从我以往几十年的经验来看，佛教的每一种修行方法最根本的目的就是要让人们慈悲为怀。慈悲就是先要利益众生，然后才会利益自己；相比之下，世间法是以我为主，先想我，然后才是别人。这正是佛法与世间法本质不同的地方，如果明白这个道理，正确地去求佛菩萨，先人后己，一定会有好结果，即便好结果暂时没出现，也一定是在路上了，否则即使求了也得不到。

世间很多人说：佛教徒不是一切都要放下的吗？还修什么财神？

可是，人活着不用吃饭了？不用长寿了？不用健康了？连生命都不用要了吗？如果都不要了，那就不用修财神了，因为这样人活在世上的所有福报就全没有了。

人都喜欢听别人赞美，就连释迦牟尼佛、耶稣、穆罕默德都需要人的赞美。也许他们本身不需要，但人们喜欢去赞美他们——赞美别人，自己也会高兴，别人也会舒服。佛经里说，诸佛菩萨给众生传各种法，就是要满足大家不同的愿望，众生也需要这样的慰藉。反过来众生更加赞叹诸佛，将它们视为心灵的依怙。

许多弟子以为只要拜高僧大德求财神就可以实现发财梦，其实光靠师父还不行，更要靠自己去努力。就好比挖煤挖石油的地质专家，也许他只会讲理论，去寻找这个东西，找到以后，叫他亲自去挖，不一定挖得出来。他的作为，就是帮助你去寻找这个东西，把方法告诉你，真正要挖这些东西是石油工人、煤矿工人。看起来卑微的那些人，才是真正为这个社会奉献最多的。

拜财神，其实只是告诉你一种怎么去达到你目标的方法。通过你的努力，你不停地发愿，给自己信心，你才会觉得它有效。

一次，有个人请我修财神，他跟我讲：你来自那么穷的地方，如果你会修财神，应该让你的家乡富有起来，怎么跑到这儿修财神？我就跟他说：地质专家不代表在任何地方都可以挖到矿石，他要到有矿石的地方才表现出他的专业，如果没有矿源可以挖，那只是理论学者。你不信就等吧，这个地方有，只要地下有矿藏，我就能挖。他就说你有什么本事，我说我没有什么本事。他说：你没有什么本事，我们怎么包装你？你没有本事，就不该来这种地方？我说：我只能教人一些佛法，不过，我不是东西，不需要包装。后来他们全家移民到了加拿大。大概过了五六年以后，一次，我正在主持一场大型法会，几千人在那儿排着队请我加持，突然我看到他了。我就说：是金子不必太多包装，在哪儿都会发光，如果是石头，即使做了很好的包装终究还是石头。幸亏我承受能力强，希望您以后在遇到陌生人的时候要给人家留点信心啊。听了我的这番话，他连声说是。

所以即使我们掌握了修财神的诀窍，被大家尊称为“仁波切”，现实中依然要面对方方面面的考验，努力地去做，才能最后赢得好结果。心有多大，事业就能做多大！假如当初我过于计较这位居士的话，哪里还会有今天的事业呢？

修好自己的财富通道

如果佛菩萨是个钓鱼人，我们就好比是鱼，我们要咬住他的鱼饵,因为佛菩萨能给我们的最好的东西就是他传授的佛法。伟大的佛陀曾经形容自己是个名医，把佛法讲成是药方，医生开了药方子，你得抓药，自己得吃，哪怕你是医学博士，是讲解医学的专家也不例外。佛法也是如此，我们必须得用。

如何得到自己想要的财富呢？正常来讲，应该是平顺得到的。平常生活中，电路中断，电工可以帮着修复，财神就像是我们财富之路上的电工，如果请求财神，他可能会疏通我们的财路，但是，如果我们没有做积德的善事，没有福报，财神就不可能送财富给我们——即使财神白给了你一点点东西，也不可能长久。

这也好比几个人是好朋友，但是我什么都不愿意给别人，当我求朋友，让他看在交情上，请我吃顿饭，借我一些小钱，偶尔一次也是可以的。而如果我经常去求，朋友的脸色一定会很难看了——有的人还愿意给我点，有的人就会说“对不起，没啦”。

自己从不播种，老是跟别人伸手去要，一次两次可以，再往后怎么办？自己没有播种，和别人要，别人怎么可能天天给你呢？即使有，也不可能给你，是发自内心不给你，因为你不是一个值得给的人，你的道德品行各方面都不是应该接受别人施舍的人。求财神的道理也是一样的。

修财神的老和尚

如果我们本身没有福报，天天念财神都没有用。藏族有个非常经典的求财神故事。一个老和尚在深山里修行，每天都修财神法，修了二三十年，他可以亲眼看到财神爷，每天可以跟财神爷聊天，他认为自己修财神修得很好了。一天老和尚下山，有人应供，煮了白粥请大家一起喝，因为有人布施，很快来了一群修行者，还有很多要饭的。喝粥时只有老和尚的碗里有一块肉，他吃了这块肉，没有任何感觉，就回去了。

第二天他继续修财神，财神爷出现了。老和尚这次看到财神爷，有所顿悟：不对啊！我修二三十年了，怎么我还是一贫如洗，什么都没有？那我修财神有什么用呢？老和尚就跟财神爷说："财神，我修你二三十年了，还是一贫如洗，你到底给

了我什么呢？”财神爷说：“给了呀，我昨天不是给了你一块肉吗？很大的一块呢！”

老和尚说：“昨天是吃肉了，但那是有人请我去吃饭，碗里就只有一块肉啊。”

财神爷说：“你知道吗？那锅白粥里根本就没有煮肉，是有人切肉时不小心把肉掉进锅里了，我费了很大的劲才把那块肉引到你碗里的。平常你从来不去布施别人，也从不去帮助别人，不做善事，你只是每天念我而已，我能给你什么呢？你对我的这点诚意，就值那一小块肉，那就是二三十年你修我的唯一福报。”

佛教是倡导人们首先要付出，得到是付出的结果。很多寺庙都供奉财神，很多人喜欢到寺庙里去求财。求财时人们总是带着虔诚而美好的愿望，大家深信不疑，只要在那里好好祈求，就能得到希望有的财富。我们带着满满的心愿而来，再带着满满的祝福回去。这种美好的祝福会增强我们的信心，尤其是面对困难挫折时。很多时候是我们没有胆量去突破，如果我们参加过财神法会，拜过财神，就会想：我去拜过财神，财神会给我加持，我一定要努力。这种强大的信心或者加持力，可以带动我们生出更强大的意志力。

其实，这种心理和有宗教信仰的道理是一样的。为什么很多人有宗教信仰？信教的人到寺庙里，寺庙里有几个和尚或几个喇嘛在，我们用虔诚的心发愿，感觉这些和尚喇嘛给了我们满满的祝福。表面上他们什么也没有给我们，我们什么也没有得到。因为我们是带着虔诚心去，如果说他们给了我们，那么给的也只是诸佛菩萨的祝福。这种祝福看不见、摸不着，对不信教的人来讲没有任何意义。但是对于一个有信仰的人，那是一种强大力量。这样的情形不仅仅发生在寺庙里。在学校，老师能够理解学生的需求，对学生永远都在鼓励。学生做对一件事，老师就用十倍于成绩的方式去赞美，被老师赞美的学生就会充满信心，去突破其他困难。

爬山也是一样。刚开始从山下出发是很轻松的，剩下几十米时很多人往往过不了，因为人的体力就剩这么一点了。这时候,只要有人说“你一定没有问题,大家努力,很快就会爬上去”,一大堆人鼓励很快让你心中充满力量，再往山顶爬就好像轻松了许多。

从前盖寺庙时，我们几个喇嘛到森林里去扛木头。按照平常的力量，一个人能背一百斤已经很了不起了。有时我们每四个人要扛六七百斤重的大木头，四个人力气相当的时候，扛几步就没力气了；这时，如果有人觉得另外的人不如自己，就会不自觉地让那个人把木头多往自己这边压一点，这时力量马上又有了。这种信心来自哪里呢？是

因为觉得自己比别人有力量，可以帮别人多扛一些，力量就产生于这种自豪感。

信仰创造奇迹

很多人最缺乏的就是自信心。无论是宗教信仰还是图腾崇拜，人们就是希望通过一些外力来维持我们当下的力量和信心，让我们不断地往前推动。人从婴儿直到长大，完全是依靠父母和外界给自己的信心，随着一次次地被认同，信心会越来越强。但是，别人并不会时时给我们鼓励和赞美，当他们不如意时就会停止这种赞美。

信财神，财神会灵，这就是我们对财神的信仰给了我们信心。所以，通过信仰，给人鼓励，可以增强信心，这些信心反过来是一个很大的动力。人有信仰，得到了这方面的承诺和祝愿，就会增添斗志。就像我们鼓励小孩子走路，“你再走一步，再走一步，你太厉害了”，给他的信心就是最大的动力，精神就是信仰。

在藏区流传过这样一个故事。有次发生了严重灾荒，哀鸿遍野，饥饿侵袭着每个人。有一户人家，有一个母亲和三个孩子，很多天没吃的了。为了不坐以待毙，母亲准备出去冒冒险。这天，母亲偷偷用一张纸包了火灰，扎起来，挂到屋顶上。然后郑重地告诉孩子："这包东西是家里唯一能吃的东西了，先挂起来。你们三个谁也不准动，等我再去找点吃的回来，我就给你们做饭吃。一定要等着我回来啊。"母亲说完这番话就出门了。三个孩子记着母亲的话，苦苦地等待。一周过去了，母亲没有回来；又一周过去了，母亲还没有回来。三个孩子饿得实在不行的时候，就会去看看屋顶吊着的那包据说能吃的东西。再过了一周，母亲终于回来了。母亲是带着吃的回来的。三个孩子顿时欢天喜地，等着母亲给做饭吃。力气小的孩子已经走不动了，他看到母亲把吊着的火灰拿下来，不小心洒了一些到地上。这个看到火灰的孩子当场晕倒。这个孩子没有吃到母亲给他做的饭，再也没有醒来。另外两个孩子高兴地跑去看母亲从外边带回来的东西，没有看到洒在地上的火灰。刹那间，三个孩子便成了阴阳两界人。人的忍耐力是强大的，如果有了信念的支撑，足可以强大到创造奇迹；而一旦这种信念不在了，在经历了漫长的忍耐后，人会忽然垮塌。人们常说：为实现自己的目标一定要熬得住，才有可能看到升起的太阳，而大多数人却是死在了黎明前的

晚上。信心永远是自己给自己的。

很多时候，我们做事时一开始会信心十足，一旦遇到挫折，往往底气不足转而退缩。这时可能想找个人商量又找不到。能够即时产生效果的就是信仰。如果我们在自己认定的地方播种而种子又无法成熟，信仰就会提示我们一定要尽力，也许有信仰支撑，我们会换思路和方式去播种，这个时候效果就会非常明显。

信仰使我们升起美好愿望，会在前面导引着我们，会在后面推动着我们。当我们觉得寂寞无助时，它还在那儿陪伴我们。我们的思想因为有它的存在而不会散乱。

也许这条路走不通了，应该还有很多其他路可以走通的。如果平常我们没有依靠，没有一种力量加持，一旦遇到困难挫折就会沮丧，心情会烦躁，思想会混乱，所有的路就被我们自己堵得死死的，走不通了，想不起来了，就剩下一味地抱怨了：生命怎么这么无情？为什么别人都那么好，我就这么倒霉……所有的负面情绪混杂在大脑里，这些都是有毒的情绪。带着有害的情绪，我们就会不自觉地抗拒前面的路，变得很迷茫，不知道自己该怎么走。

如果有信仰的依靠，我们的情绪很快就会顺畅，因为它一直不会放弃我们。人们在外面受了挫折，如果有个温暖的家，知道家人在等着，就会赶快回到家里，因为家给我们安全感。

而这也是暂时的，能长久给我们力量的是我们的信仰。只有信仰可以让我们在混沌不清时让大脑清醒，沉淀下来，再找到通往光明的路。我们清醒地认识到：很多事不可能都圆满，但总是有一条圆满的路让我们走。

对我们帮助最大的，让我们充满希望，给我们永远信心的，是信仰。

第十一章

因缘和合，如梦生命

我们梦到很多，非常壮观，然而等我们醒来，梦境消失，梦中一切便不在了。做梦的因缘组合起来了，让我们感觉很真实。但当缘分消失，因缘和合的力量就解散了，没了……

因缘具足的力量

人们在世界上生存是需要因缘合和的，做每一件事情时都必须要有很多力量组合起来，具备很多的因缘，并不是我们有能力做就可以做得到的。

我们经常说“有缘分”。有没有缘分，并不是别人说来的，是需要自己去努力的。在努力过程中，你如果排斥别人协助，认为单靠个人力量会成功，绝对就错了。缘分是需要合力的。

从一个人的成长到一个家庭的圆满，都需要付出非常多的努力，也要有很多的牺牲和付出。无论是事业、人际关系，还是修行，要天时地利人和。

我们愿意去学某一样东西，还要看老师愿不愿意教；老师愿意教，我们又愿意学，还要具备学习的体力、智商才能学得进去。再就是有学习的环境，一切都具备了，如果没有时间，

或许你没时间，或许老师没有时间，这因缘就没办法合和。有些是我们自己可以选择去努力的，大部分时候还要看天时地利人和等各方面因缘的连接。这种连接是从广结善缘中得来的。

我们说缘分够不够，其实是说广结善缘的能力够不够。很多时候不应该单一、自私、执著地想自己，而是要和谐地跟人相处，经常想到为别人付出。如果每个人都想的是为彼此付出，一旦我们需要，一切天时地利人和自然就形成了。

有些缘，也许因缘合和都具备了，但我们也有可能没有享受因缘命。也就是常说的有缘无分。很多人为成就自己的事业家庭付出很多努力，当一切圆满时，他却没有福报，生命终结了，缘分自然也就没有了。

缘分就是需要综合的力量来延续。修行是如此，世间其他事情也这样，并不是靠个人聪明靠自我力量就能够成就。有时候，因个人的聪明才智成功一件事情是有可能的，但如果没有众多好的因缘和福报来维持，没有足够的智慧来凝聚这些缘分，暂时的成功很快会消失。无论是家庭缘分、亲情缘分还是事业缘分，凝聚这些缘分是比较容易的，要维持起来就很不容易。

随缘有两种，一个随善缘，一个随恶缘，随缘不代表随便，缘是很多不同的因素组合起来的，所以缘是需要去努力的。为什么叫因果？因果连在一起才叫缘，所以并不是我们现在想的遇到困难就不需要努力。随缘就是遇到困难挫折，付出你所有的努力——它的结果是痛苦的，你就随缘了，你随着它，因为你已经努力过了，它就是这样一个结果；你得到是你想要的快乐，那你就随缘了。最后的结果是什么，你随着它走叫随缘，不是说我们不努力。一个人的能力受周边环境的影响，往大讲就是天时地利人和，造就的善也好，恶也好，不管形成什么样，你没有办法改变的时候，你就坦然面对，就叫随缘。一个人在这个世界生存并不是我们个人的生存，还有社会上与你有缘的人，结果不一定会照我们想要的那样出现，你不喜欢的事情和人物也总是会出现，为了让事情往好的因缘发展，投入巨大的精力和才智，你还得用智慧应对。

用智慧应对因缘

得到缘分，要维持这一切，也是非常需要智慧的。

我们认为，昨天的我们、从小到现在的我们，是存在的，因为过去我们存在，可能将来也会存在，所以未来虽然是不确定的，我们也会相信自己一直不会变，不愿认同自己会去变化。

大自然中的大地、山川、江河，都是如此。凡夫认为山川河流、葱茏草木、鲜活的生命、周遭可感知的一切都是真实不变的，然而这一切不过是虚妄。《金刚经》有言“凡所有相，皆是虚妄”。而实际上，星球本身每天在运转，一直在改变。河流也是这样，每一分每一秒流下来的水，实际上早就已经过去了。去年河流里的水和今年河流里的水是不同的，然而我们还是会说这条河怎么样，因为我们已经习惯性把它当成是不变的那条河了，习惯于把假象当真。

当我们现在感受自己周遭的世界，就像在梦境里，认为它是真实的；梦境过后，我们醒了，抓不着了，就又会认为它是假象。现实生活中，我们往往不愿意承认这点，老是把它当成是一个假象而认为它存在，蒙骗自己。

无论是山川江河，还是我们的生老病死，分分秒秒一直在无常中变化，从有变成空，又从空的境界中出现新的生命体。这就像一棵树的生长：今年开花、发芽，嫩叶长出来了，绿叶葱葱，直至最后果实累累；进入冬天，一切都会消失，而明年又会重复同样的景象。我们年年看到树木开花结果，其实上一年开花结果的过程已经消失，去年的树跟今年的树本身已经发生很大的变化。作为凡人，我们也许很不愿意承认，自己一直努力辛苦，所成就的这些并不是一个实体。真实的状况是，最终所有的一切本质都是空的。

如梦如幻地看待生命

佛教讲的无常是说，任何一件事，无论是名还是利，放在我们手中，不一定就能牢牢掌控。人世间得到的一切财富都是前世积德而来，放在我们手中时就像抓了一把沙，抓得越牢，沙漏得就越快。如果我们是用手轻轻地捧着它，它还是那么多，停留的时间就比较长。

佛教认为这就是无常。《金刚经》说“凡所有相，皆是虚妄”，所有看似真实的，都是虚妄。没有一件事、一个人是永恒的，我们不要为短暂的得到而沾沾自喜，不能为此而狂妄自大，我行我素，胡作非为。万物皆不永恒，是为“空”。

我们眼睛看到的颜色、耳朵听到的声音、鼻子闻到的香味、舌头感到的味觉，也就是我们的色身香味触。如果我们不细心地去观察它的存在，它好像是永恒的，仔细观察它也一直是变化无常、虚无缥缈的。空了，不代表它就不存在了，一旦因缘合和，它可以再产生出来，产生出来又变空，从空中又产生出有。

整个虚空当中只要有一粒灰尘，一旦水火风土的力量结合起来，就可以从一粒灰尘连接成两粒灰尘、三粒灰尘、四粒灰尘……渐渐在虚空中就形成一个星球了，接着产生海洋、陆地、植物、动物等，从生命的形成，再到星球毁灭，进入虚空，灰

尘就又分散在空间里，有一天又靠着水火风土在空间和合的力量连在了一起，累积多了，灰尘就又可以形成下一个星球。

所有的这一切都表明，万物都没有一个实体是永恒的存在。没有实体，没有永恒的存在，我们叫它“诸法皆空”。法，这里讲的是万物一切，它的本质是由“空”而产生出来的，从没有中产生出来的。那么，什么样的力量能够让它产生出来呢？除了水火风土，创造力最大的就是思想，是灵魂。分散在虚空里面的众多灵魂会产生巨大的共业，创造共同生存的星球。就如同一个国家要强大，把全民的力量集中在一起，就会发展得很快。佛经里说这叫“万法唯心造”。

人的思想是一个万能的创作者，从没有去想，再想办法去发明东西，再慢慢开始发展，到最后会越来越壮大。既然宇宙中的所有东西都可能最后化成灰尘，所以无论山川江河还是建筑都不会永恒，而我们的身体谁也不能保证到底能存在多久，我们的生命到底能持续多少年也无法预估。最后我们的身体会化成尘埃，消失在茫茫宇宙中。

生命时刻充满无常。我有个朋友，刚刚发布他升职了，他正在高兴，大家还没有来得及庆祝，他就发病去世了。有时候因为人的福报不够，得到了，反而会连命都没了。还有个例子，我一个同门师兄到美国去了，去的时候是一无所有。他接触了一些西方人，有个老太太对他非常好，他也对这个老太太特别尊敬，老太太死前把所有财产留给了他。他得到了金钱，得到了好几辆林肯车、加长的凯迪拉克、好几幢别墅，以及一片小森林。不到一年，他回老家探亲，有一次去泳池游完泳，在泳池旁晒太阳，坐在那里很长时间一动不动，等别人去叫他，他已经涅槃了。天上掉下来的财富，如果没有福报去承受，就会有问题。

我们努力想拥有，但拥有以后，有没有享受的命？即使你有这个享受的命，名利财富太多，实际上你也用不了，大部分还是浪费了。

人们如果能够节制自己，尽量约束自己，不那么贪婪，取该用的部分，然后尽量与人分享，这个世界也就不会被破坏得那么严重，也就不会有那么多贪婪的人去争抢掠夺财富了。如果大家只是满足生活基本条件，世界是会更美的。

我们也许很难理解万物皆空的道理，却可以如梦如幻地去看待生命。这实际上是很有效的。无论昨天还是今天，我们曾经多么辉煌或者多么平淡，其实都是梦而已，不管是美梦还是噩梦。我们明天能否享受也还是未知数，明天会不会到来也还是不知道。如果真的有福报，明天就来了；如果没有福报，明天就不来了。

我有个弟子最近去世了。那天他晚上和朋友们喝完酒，约好第二天一起去打高尔夫球。喝到凌晨三点才醉醺醺地回家，

回家后他就坐在楼下大厅的沙发上，像在那儿打盹。保安打电话给他太太，他太太说："这个酒鬼，每天总是喝得醉醺醺的回来，叫他去死吧。"然后把电话一挂，就不理了。没想到他真的去死了，直到凌晨五点才被人发现。才三十七八岁，他就这样莫名其妙地死了，留下十几亿的财产，他自己再也没有办法支配了。

类似这样的例子非常多。努力工作当然重要，但是要如梦如幻地看待所有得失，不要把得失看得比自己生命更重。这非常重要。

人之将死，回过头来看，无论我们是轰轰烈烈还是平平淡淡，有所作为还是无所作为，都是一生。到火葬场烧掉，最后剩下的也就是一点点骨灰，洒在虚空中，又变成了灰尘。就好像你这个人从来没在这个世界上出现过，过了若干年也没人记得你是谁。只有自己会认为自己有多么重要，却也没留下任何别人能怀念的东西。实际上在这一刻，回放自己的一生，你会发现，最后悔的事是你发现自己一事无成。

所以，我们在活着的时候做一些有意义的事情，做对社会大众有意义的事情，会拥有真正的福报；进棺材前，回顾自己坦荡荡活了一辈子，起码对别人有交代，对自己有交代——这是带着满满的福报走的。不管有无来世，你一切都准备好了，明天又是一条好汉，可以再来到这个世界。如果你不信轮回，也无所谓，你一辈子坦荡荡的，最后不再遗憾，也会瞑目。不像有一些人，一辈子努力工作，拥有了财富名利，最后死的时候还不甘愿，眼睛都闭不上。

任何事物，我们再怎么想抓住它，到最后也就是梦幻一样的境界；我们不用去改变它，它本身自然改变。

我们用不同的角度去看世界，过去、现在、未来、东南西北方位、时间等，是谁在切割这些呢？是我们刻意创造出这些东西，是我们的妄想、分别和执著制造了概念。

为了说明白什么是时间，我们发明了钟表。把钟表挂在那儿，时间就真实存在吗？东方的人常讲，午夜是人体血液循环的时间，在那个时间不睡觉就会对身体有非常大的伤害；而在西方，因为时差，我们睡觉的时候那边却刚好是大中午。实际上，随着不同季节的变换，整个时间、空间也在变化，而我们只能用我们现在所谓的认知中的夜晚、白天作规定。我们在假定时间的真实性。

人们总认为自己是活生生地存在着，但仔细想想就会发现：一个人从头发开始长，从外皮到内脏、骨头、骨髓，全部长完以后，实际上只能承认：所谓“我还活着”，只是空气从鼻中、嘴中吐纳，吸进去跟吐出来的，实际上就叫“我”，如果这一点停止了，人就叫“死人”，叫“尸体”了。在气息的一进一出中，其实我们找不到本质上真实的我。在它的一进一出当中，

因为我们没有解剖，就找不到本质上真实的我。人也总是这样回答“你是谁”的问题，会拍着胸脯说：“我是这个，这个是我的财产、钱财、车子。”“我”是会无限大的。这个“我”还会有占有欲，会从自己的身体开始，占有旁边的人，会认为他们是我的家人、我的亲人、我的朋友，还会一直扩充到我的国家、我的民族、我的社会、我的地球。

外界的这些，还因为我，让心情有触动。如果一个人跟我们毫无相关，别人打他骂他，我们最多也就有一点点同情而已。如果这个人一旦跟我们有了什么，准备结亲或者跟你是情人关系时，别人打他，会痛到你心里面。

同样，执著的我对待物质也是一样的。停在卖场的车，在那儿展览，如果有人跑去用刀刮一下，跟我没一点关系，我可以当热闹看；当我们付了定金，车子是我们的了，车到我们的名下，别人用刀刮就是刮到我们心上了，就会心疼。这还是我执在作怪。只要内心有执著，就会对“我”产生很大的效果。我执就是佛教里的法我执著。也就是说，我们会执著地维持着一种想法，认为它是永恒不变属于我的。但是，真正的车跟我们有什么关系呢？一点关系都没有。把车拆分开来，找不到任何和“我”相关的东西，只是“我”的占有欲望霸占了它，使它与我产生了关系。

同样的道理，我们执著于房子是我的，虽然房子是在那儿，但什么是房子呢？一拆开看，构成房子的不过是钢筋、水泥等建筑材料，房子只不过是因缘和合的一个综合体。缘分有了，它们凝聚了，就叫房子了；把它拆散了，钢筋是钢筋，水泥是水泥，又回归到原位，大部分就是矿石而已。

如梦的空性

当缘存在的时候，我们从父母基因那里产生出来的身体，会随着母亲给我们的养分，慢慢变大。我们会一直吸收养分，随着内在其他生物的越来越多，吸收能力越来越强，然后身体就开始有占有欲，灵魂开始从心脏的跳动占领，慢慢延续，一直占领身体外在。缘分具备了，就无限地膨胀了，一个人也像一个人了。

实际上作解剖看看，我们所有器官，从头到脚，就连指甲缝，到处住着其他生物体，而我们只不过是一个主导者，实际情况是，当它们组合起来的时候，缘存在了。

再接着解剖。手掌是我们的吗？如果不小心手被割掉了，

放在地上的手应该是你的，现在有人在那儿踩着、打着，你却不痛不痒，跟你没关系了，看起来好像又不是你的了。因为你的灵魂没办法通过你的神经系统掌控手了。一个人身体机能退化到最后，身体各个部位，包括心脏，灵魂离开时，实际上什么都控制不了了，然后一切都结束了。那时候人们会惊讶地发现，这一切就像做梦一样。就像我们在梦里面看见一大群野生动物，有很多房子，还能看到大草原……我们梦到很多，非常壮观，然而等我们醒来，梦境消失，梦中一切便不在了。做梦的因缘组合起来了，让我们感觉很真实。但当缘分消失，因缘和合的力量就解散了，没了。醒来后，我们发现自己是在卧室里，而我们的大脑在某一种能力之下就可以存在这么多的世界。

其实我们经历的现实和梦境本无二别。《金刚经》中说："一切有为法，如梦幻泡影，如露亦如电，应作如是观。"所有的一切都是梦幻，当因缘具足、因缘和合，梦境就是现实。我们现在只是在做一场人生的大梦，生命终将逝去，而这一生就是一场梦境。在现实生活中，我们不会认为周围的一切都是虚妄的，所以就想方设法抓住能抓住的。可是，当我们仔细观察仔细去想，就会发现它是真的就像一场梦幻，到最后还是一场空。每个人到最后都只是做了一场梦，差别仅仅在于：你告诉别人做了这些梦，别人判断你做了个好梦还是坏梦。我们不能理解一个想抓住梦中财富的人，同理，我们这一生执著抓住的难道不也是梦中花、水中月吗？

这一切最后变成空，就是诸法皆空。自我执著的身体空了，叫做“人无我”。外在环境、物体，所有这些执著到最后也不可能是真实的存在，这叫“法无我”。这两种境界能够都达到的，就是修行非常高深的人。如果有人问我们：人是真实的还是假象？如果我们只说“我是无我的”，别人也许会扇你一个耳光——“看你有没有在？”我们肯定觉得很痛，痛的时候就表示我们还没有达到这个境界。

现在很多人喜欢讲禅和空性，很多时候是泛泛地谈，实际上我们能够悟到它吗？不能。扇一个耳光，马上就让你不觉得这是空性，觉得这是真实的。这是因为我们还没有证悟“空”的境界。

梦里别人打我们，我们也会痛，但梦醒来时就觉得自己特好笑。这样的境界是我们凡夫俗子做得到的：当有人扇你耳光，你痛了，过了这个时候，就会觉得没必要执著，事情一过去，就是一场梦而已。来自别人的伤害、自我的挫折等，都像是我们挨了一记耳光，当遭遇时，我们觉得这太真实了；但如果我们解剖它，就像洋葱一样剥剥剥，剥到最后全没了，那就没有一个真实的东西。

能够理解这些，我们自然就会了解佛教所讲的“诸法皆空”。虽然我们没有办法像佛那样用完全觉悟的境界来看待一切事

物，但是我们有办法如梦如幻地看待，像看待海市蜃楼那样看待我们的生命。

寂天菩萨在《入菩萨行论》里说:“自集福德云,何时方能降,利生安乐雨，为众熄苦火。何时心无缘，诚敬集福德，于执有众生，开示空性理。”意思是说，要到什么时候，我才能从自己所修的福报云中降下无量无边的平安与快乐的雨水，来消除芸芸众生在六道轮回中苦难的火焰所燃烧的折磨？什么时候我能破除我执，证悟空性的境界，修持清净的福德资粮，并对有缘的苦难众生开示无我的空性真理?

我们希望自己做好梦，但不去执著梦里的得失。生命当中也是如此，我们可以得到我们想要的东西，但不会为了它的得失而斤斤计较。有这样的心态，我们的生命就会过得非常有趣了。

附录

嘎玛仁波切关于财富的亲身体验

在我看来，拥有财富不是一件坏事，能拥有绝对是好事。而当我们能够施舍出去，看到了自己的价值，我们的欢喜是不一样的。

不能视财富如粪土

我特别珍惜财富，也许可能我修得不太好，很多人说能视财富如粪土，我做不到。

精神财富如我的信仰，我很珍惜，其他层面的财富，我也很珍惜。我珍惜来之不易的缘分。我尊重人际关系的交往，朋友们也好，弟子们也好，我会珍惜每一个跟我有缘的人。佛教讲不要有分别心，“远离爱憎住平等舍”，好人、坏人都应该去接纳，在心态上如此是没错的，但是人与人之间总有一个有缘无缘在。

有人说你是一个高僧，你不应该有不喜欢的人，错了，我有很多不喜欢的人。但是你不喜欢他，不代表你就要对他有嗔恨心，这是两码事。你不喜欢这个人的行为、讲话的方式、一些所作所为，你可以远离他，但不代表你就一定要嗔恨他。人

是形形色色的，我珍惜身边的每一个人，好人给我带来的财富，这种财富是与他相处,在他身上学习到优秀一面。作为宗教人士，我所接触的人是方方面面的，这个世界只要有人来找你，无论他是好人、坏人，不论是教授、官员、警察、企业家、地痞流氓，在本质上我们可以做到一视同仁，在跟不同的人相处中，会学到很多不同的东西。

所有的这一切都是财富，甚至他把恶习表演给你看，你也会从里面得到财富，你会正视，心想这是你不应该做的。如果他不表现出来，也许你自己做了却还不自知。举一个简单的例子，我们都讨厌随地吐痰，但以前大家都认为这是很平常的一件事，没人说为什么不能随地吐痰。后来我们才知道这是一个不礼貌不文明的行径。当整个社会对一个事情都没有是非判断时，身处其中的人很难有标准可循。

无论在生活还是在工作中，人们会遇到很多挫折。做宗教工作也是一样，传教时人家不认同你，反而会羞辱你。期间你需要生存，需要简单的生活起居，你为了得到生存下来的物资，也会像凡夫俗子那样去争取。如果在国内藏区，是不需要去争取的，人们自然会把供养送到你门口了。然而到了西方，谁会给你化缘的机会？你所有的生存条件，必须靠个人劳动获得，跟其他人没有两样。在这个过程中，你就会发现普通人生活的辛苦。当你坐在庙里每天接受供养，和你进入社会用自己的知识和行为帮助别人排忧解难，倾听人家诉苦并去开导，就像一个心理医生，那是两回事。

而且,这种得到和别人供养使用着不一样。我现在能够说，我觉得自己坦荡荡的，我付出了，我得到了。当其他人把这些财富交给我，我学会了很多。学习过程就是我认为最应该珍惜的财富，并不是这种简单的物质财富。在生存及学习过程中，我也遇到困难挫折,吃了一些苦。一个在藏地备受尊敬的僧人，来到全新的环境，必须从头开始。当时我首先想到的是，我怎么能够生存下去、吃饭的钱从哪儿来、坐车的钱从哪儿来、坐飞机的钱从哪儿来、住旅店的钱从哪儿来，一个个都是问题。

曾经有一段时间，我被邀请到国际福轮社、狮子会演讲。在我演讲的时候，很多人在那里交头接耳，也许他们根本没听进去。但是，反过来想，有上百个人或者几十个人能邀请你来演讲，就是一种肯定和认可。所以，当一个人遇到困难，产生挫折感时，换一个角度去想问题，情绪就会平复。

一个人付出了艰辛劳动，得到了回报，从这个过程中就会学会尊重，尊重别人的付出。方方面面来说，这些财富才是人这一辈子的真正财富，别人的赞美、恭维都是过眼云烟，只有痛苦挫折才是一辈子可以追随你的财富，需要珍惜。

当然，随着付出，渐渐地也有一些知名度，别人也想成就你想做的那些事，然后你便得到了，得到以后你就该想——我

得到了这些是因为我真的很有能力吗？我的能力从那儿来？对于宗教人士而言，我们所有的能力都是源于佛法，一代代从高僧大德传承而来，从师父那里，从父母那里，把这一切智慧交给了你，你现在只是在卖弄他们所给你的知识和智慧而已；他们把这个交给你本是希望你赋予社会更多，从一个嘎玛变成两个嘎玛，变成十个嘎玛、一百个嘎玛，然后再把这种你认为最好的智慧和大家分享。

我一直不太眷恋钱财，只要有需要，肯定很快送出去。因为送出去的速度太快，有时候来不及思考，而这边还没有进来，所以问题就出来了，中间有缺口了。那怎么办？就祈祷，然后想方设法，绞尽脑汁。

我有一次去美国，做过类似心理医生这样的角色。我的喇嘛在旁边翻译。当缺钱时，我就会想办法去赚钱。也许是诸佛菩萨给我的福报，我有我的办法，我一定会有办法让自己不缺钱。不管怎么样，太多的弟子和朋友信任我，所以我从来没有缺过，而在使用上我也是一样的。我不会人云亦云，别人说这个是对的或那个是错的，我就应该用在哪儿或不应该用在哪儿。我有自己的经验，我有我的信仰作为平衡点。我绝对不会做犯法的事，不管是走到哪里，法律我一定是遵守的，因为那是起码的道德。除此之外，我还有宗教信仰的道德约束、我的戒律，没有特别严重的事情不会违反我的信仰。

在这种信仰和法律的范围里，我会做我应该做的事情。因为从小教育到现在，我们所做的事情大部分离不开两个方面，就是教育和慈善。我的钱基本上是投入到教育和慈善中，为了保留我们传统的文化、教育、道德、建筑、美术等各方面。也许有些人会说：你保留传统艺术跟宗教有什么相关？是啊，宗教里应该有美术，想让它变成永恒的艺术，那么就要有信仰。世界上保留下来很多艺术，那些建筑家、美术家用他们的灵魂来创造，把灵魂最净化、最纯洁的那一面保留下来，延续下去。

七千美金买活佛的两小时

我在美国做心理咨询时，来咨询的人把我当成从一个最纯净的地方来的心理医生来看待，而不是把我当活佛。他们认为西藏是最纯净的地方，那边的空气最纯净，那边人的心灵应该也是最纯净的。既然是一个纯净的地方来的人，这个精神导师应该就是最纯净的源头，跟这个人倾诉内心世界应该可以得到现在都市医生们提供不了的另外一种治疗方法。他们来咨询的

起因就是这样一个角度。

二十五美元、四十八美元，这是别人定的，我平常不会跟大家讲价。这次来见我，这十五分钟你不满意，你可以告诉外面的人“我不满意，所以我不交费”。还没有不交费的情况，而且大部分都是多交了的。我还记得有个美国女士，进来时手拎一捆卫生纸。我就让翻译问她为什么拿这个。她说，等一下她要哭，因为有太多的苦要说，会尽情地哭，所以准备好了纸。然后一坐下来，我就跟她讲笑话——你已经这么苦了，看到我这样远道而来的人，应该是先高兴一下，你是来找快乐的，不是来增加痛苦的。只有痛苦的时候人才哭，现在你应该笑才对，而不应该哭。而且，卫生纸本来就便宜，我这边已经有很多，我也不会特别收你卫生纸的钱，你也不用那么紧张地先准备好卫生纸……就这样东扯西扯，她到后来一直笑，十五分钟很快过去了，然后再待半小时，我就讲一些笑话给她听，她就哈哈大笑，所以她总共诉苦的时间也不到五分钟。到最后给她的十五分钟时间，她说哭不出来了，她边讲边觉得好笑。她出去以后，又按门铃进来，又付了两小时的钱，拿着一个白色的信封，里面有一张支票，上面写了七千美元。我就跟翻译讲，问问她，是不是写错了，多了，再说给钱不是给我们这边的，我们这边不收钱，要给给门口。然而她轻描淡写告诉翻译：他值这个钱。

我去美国，是送喇嘛读大学，去的时候带了一万美金，等回来前我已有了将近六万美元，就两个月时间。后来我就跟美国弟子们开玩笑：早知道我这么会赚钱，我就早一点来美国工作。这也是一种缘分吧。

从石头缝里种出的财富

我九岁当小喇嘛，是 1976 年。那时候一年下来，全家工资也就一千多块钱。

我就把我的几个师兄弟叫来，说我们要开辟一条财路。怎么辟？外婆家有棵老核桃树，树下有一片空空的草坪。舅舅是我们的佛学老师，下午三点到四点可以休息一小时，我说我带你们去发财，就带他们去看看那个地方。

在外婆家的树下面，我们进行开垦，几个小孩挑大粪，去山沟里背泉水，然后种葱——把种子撒上，上面倒大粪，然后砍带刺的树，把它围成一圈，不让牛什么的跑到里面去。

当时懵懵懂懂，根本没有想那片土壤为什么会废弃——就是因为里面石头太多了，石头多了就长不出好东西来。我们种

的葱，长着长着，因为石头太多，长不粗。我们经常去给它们浇水，长得特高，尖尖细细长长的，后来全部挖出来，有好大一捆。然后拿到城里，拿一杆秤，坐在那儿卖葱。没想到卖得特好。因为我们马尔康的汉族同胞喜欢吃面，那种细长的葱是他们做面最好的作料，大葱不行，小葱是最好的了，而且还不容易买。这样，一天下来卖了七块多钱。

拿到钱，我们师兄弟四个每人给自己买了礼物。他们三个每人买了个玩具枪，我拿了几毛钱跑去看小人书。还用这笔钱吃了饭，拍了一张照，看了场电影……最后一个人分了一块多钱。从那个时候我就尝到甜头了：这个得继续干下去！

后来又嫁接水果。比如有棵核桃树老了，人家不要了，我就把它剪枝下来，再剪外婆家的苹果枝，放进去以后，嫁接起来，它就长出外壳像核桃、里面是苹果的那种“核桃苹果”来，很酸。这种水果刚开始卖不掉，它又硬又酸，就把它放在箩筐里；到冬天它就熟了，又脆又甜，再去卖就很好卖。我们就用得来的钱去买学习用品。

财神包换来的电线杆

后来在佛学院，十六七岁了，那个时候也没钱。山上没电，我们想引电灯上山，要去买电杆，没钱。怎么办？思考了一个晚上，终于想到一个办法——做财神包。我十六岁时跟师父做过一次，知道怎么做。然而那时候穷得连纸都买不起，我就用仅有的一点钱买了一大堆白布，白布比较便宜。

寺庙有很多以前那种印错的纸张，我去跟喇嘛们讲，印在这上面就行了，里面有佛经，上面印上财神咒，加持力更强。然后我们就把那些废掉的经文纸拿去印财神咒，在上面做了财神包。财神包里要有五谷杂粮、圣土圣水、甘露丸等很多材料，得用心地去找，然后做成一包一包的，什么都有。做好后，没钱请画师画，我自己拿着笔在上面画图案，画那些宝物，画得也不太像，反正就画。就这样，然后供奉在那儿，修七天七夜财神法，完了就下山去卖——寺庙做的财神包要不要买？十五块一个，很多人愿意买，就又挣了一笔钱，然后我们就买了电线杆。现在上山的路上很多电线杆就是那个时候买的。

一根电线杆只几百块而已，刚好政府要换电线杆，短的不要了，又懒得抽，就告诉我们：可以给个很便宜的价钱，但你们要从地底下挖出来。喇嘛们便把它们一根一根挖出来，近距

离的我们自己扛着上山，远距离的就找了几个工人扛，给他们工钱。后来请工人的钱不够了，就找了一个老喇嘛和小师弟：你们两个到游牧民户那边去，给我们寺庙托钵一下，看看能不能募到一点款？他们两个就去了。去了以后，家家户户，这个给一两酥油，那个给一两酥油，回来后又卖了一两千块钱——就是给工人的工钱。

现在很多年轻人大学毕业，一个是找不到工作，再一个就是有个工作却赚钱少，而大家都有理想，要生存。当然有一些很有福报的人，一进入社会就坐在办公室里工作。其实，每一代人都要经历"蚁族"这个阶段，从祖祖辈辈下来，成功人士差不多都是靠自我奋斗。所以，要不要努力？当然要，付出的多才会真正收获。再过十年二十年，回过头来看，原来的"蚁族"已经是老板级的人物，是都市的主人了，这个时候蚁族又是另外一批人了。一代一代，十年二十年，年年都会有新人变成城市人，又有新人变成"蚁族"。忙碌的蚁族还是好一点的，最可怜的就是乡下来的这些农民工，真正能够留在城市的没几个，他们在都市里处在最低级的地方，拿最少的薪水，付出最多的劳力，最后他们"被发现"是多余的，年纪大了，赚了点小钱，也就告老还乡去了。

所以，大学生反而是幸福的一群。他们自认为很忙碌，付出的很多，那是每个人都必须的经历。不然你怎么知道你的价值在哪儿，而且你不做几天低等工作，你也搞不清楚自己最后成功的方向在哪里。

面对财富的态度

当我拥有的第一个十万时把自己吓一跳，从那儿以后，我对钱没什么感觉了，因为我知道，这些钱应该去哪里，肯定不是留在自己的手里。

我这个人赚钱能力很强，但理财能力很差，经常是负数。不是我自己要负的，经常是我还没来得及做，人家已经在那儿给我挖一大堆洞，说这是你要填的。

对于金钱而言，我认为在付出中每个人都会得到快乐，施者比受者有福报。当他能够施舍出去的时候，就看到了自己的价值，他的欢喜是不一样的。

我有两个弟子最典型，其中一个有好几栋豪宅，豪宅不会给他带来幸福和快乐，他只是从一个房屋换到另一个房屋，就只有搬家的烦恼。另一个弟子一辈子就买了一套二三十平米的

小房子，等买下房子还得装修，其中有期待有欢喜，可以让他们高兴很久。一个穷人，当他拥有一个可以挡风遮雨的居所，他的欢喜是不一样的。

所以，物质上的金钱积累不一定会带来真正的快乐，那为什么不让自己做一些有感觉的事？当你拥有以后，做一些对社会有意义的事，多付出一点。目前有很多人还很贫穷，虽然国家做出了很大的努力，有物力、财力的付出，但改变贫穷不是一天两天的事。有时候我个人认为：如果人的思维没有改变，这种贫穷就会永远地陪伴他，这就是没有福报。他永远会等待，你给他越多，他就越不想用自己的辛苦付出真正做一些事情。有时候必须要从思想上去改变他们，这种改变必须要成功人士来带动他们。这种不管是物质上的付出也好，精神上的付出也好，意义就很大，可以带动整个社会。

我在藏区也捐建了一些希望小学，外边有人来问我：你怎么会有那么多钱，做那么多的事？我说：有了钱不做事，攒着干吗？

这个世界给了我们很多机会。国家有一个好的政策，所有的人都有最好的机缘，不管你做什么工作，方方面面都有机会，都是公平的。成功之后，千万不能得意扬扬的，认为你做的事情很了不起。其实，没有社会其他人对你的付出，就不会有你所谓的成功，所以，当你得到以后，要学会怎么跟别人分享，跟需要的人分享。一个人拥有财富不是错误，那表示他付出过很多的努力，我们应该珍惜，甚至我们要爱护这些有福报的人，我们应该给他们一点爱心。而他们在这个时候，也不要认为自己是天才，是社会给了你机缘，给了你这样的环境，天时地利人和，你比较有福报，你的福报应该是和大家分享，福报才会由负变成正。如果不懂得分享和付出，你的福报会消失，即使有福报了，也不过是个暴发户。只有通过对别人的付出，得来别人的尊敬，这才是一辈子享受不完的财富。

在对财富的态度上，也有不食人间烟火的人。我有一个弟子，在别人眼中他是贫困潦倒，什么都没有，但他还认为自己很富有，很满足于自己这样的状态。如果他是自己一个人，没有家眷，像修行人一样一无所有，就无所谓了，他乐在其中，知足常乐。可有些人不是一个人，还有家庭有小孩，家里过得很寒酸，甚至一日三餐都出问题，那他还觉得很满足，就是不负责任的。

我们讲的财富不仅仅是金钱，还有拥有的知识、健康的身体。还有种财富，因为你有耐心，有人愿意跟你诉苦，愿意信任你。现在这个时代，大家压力都很大，很多人神经衰弱，有诉不完的苦。跟谁诉苦呢？跟你旁边的人诉苦？他高兴的时候，你可以和他诉苦，不高兴的时候，他会当作谣言传播，所以很难找到一个可以信赖的人。为什么像我们宗教人士那么受大家

的欢迎，哪怕是做一个倾听者？从我们耳朵进去的东西，不可能从我们嘴巴里讲出来给人听。做这种单纯地倾听别人诉苦的对象，实际上也是一种付出。在倾听过程中，让别人舒解心里的压力；也许你没做什么，只是简单地去听，几小时听下来，解救了人家一条命都有可能。你救了人家一条命，可能他周边的亲人也因此减少了很多痛苦。这样想的时候，你会觉得，实际上付出了一点点，得到的却非常多。

在我看来，拥有财富不是一件坏事，能拥有绝对是好事。重要的是当你拥有之后，你怎么样以你的智慧去运用你所拥有的财富，运用自己的学问、能力、名气等为社会造福。

有的人用他的名气去做坏事，有的人用他的权力去做坏事，最后身败名裂，得不偿失。有的人则会用名气去帮助别人，用他的权力去帮助别人，因此名流千古。所以有些人，当他拥有的时候，会变成慈善家。有些人不一定有财富，不一定有权力，但他有善良的心，就像台湾的证严法师，或是像特里莎修女，用善良的心、慈悲的心，可以带动大家一起囤积财富，然后把财富用在改善生活、改善医疗、改变贫穷落后上。全世界哪里有灾难，他们就第一个到哪里。这样，他就变成这种使用财富最有智慧的人了，会受到全世界人的尊敬。他从来就没有想过为自己，他也从来没有想过他有一天变成这么强大的财富拥有者。就是他把财富用得好，所以大家放心地把财富交给他，如果他滥用财富，谁会愿意把财富交给他？这就是得到财富以后妥善应用的典范。

经我之手也捐出了很多钱，别人因信任我给我的钱。每次我回家乡，要买很多的大米，买很多衣服，买很多的鞋。我最疯狂时候一次买了几千双鞋，然后挨家挨户给那些穷人发，乃至我发不过来，就交给民政部门发。前几年都这样，后来发现没有用，他吃完以后照穷不误。我在反思：发这些东西有什么用？国家民政部门一年发多少东西下去，是不是？很多人还在那儿等民政部门的来了，说："你什么时候发钱，别老发衣服，你应该给发发钱，我们可以买东西啊。"我不知道是养了一批困难户，还是养了一批懒人。救急救穷有必要，但救一批懒人肯定没必要，所以我这样做没有用。自古以来，这种布施太多人做过了，穷人照样穷，慢慢我们不都变一样了吗？三十年后，富有一样变富有，穷人照穷不误，同样的政府按人头推下来的土地，很多人靠这个土地发财了，很多人有这个土地后又变成穷光蛋了，这就有问题了。这不是发发粮食和发发钱的问题。这些必须从思想上根本改掉它。然后我就开始资助学校，资助他们读书，我就开始尽自己能力协助政府做"普九"（普及九年义务制教育）工作。

有些人不让孩子念书，那个时候需要交学费，我们就一下子帮他们把学费交完，之后就告诉他：你孩子上不上学，看着

办，寺庙给你把钱付完了。然后他乖乖地送小孩去读书了。他谁的钱都敢欠，就是不敢欠寺庙的钱，所以这样做效果不错。我就带着弟子们捐资助学，只要你考上了中学、大学，没钱就找寺庙，绝对会有钱给孩子交学费。这样一直下来，带动了一个地方。你只要在一个村子里让一个小孩读书一直到大学毕业，就可以带动其他的小孩读书，这种带动比你给他们钱要好多了。所以，我们给他物资，不如改变他的思想。在这方面我们投入得非常多。

而且我们也看得到，山里的懵懂小孩原本对外面什么都不了解，通过教育考进了大学，大学毕业出来后的那种变化。他变化了，他家里也跟着变化了，实际上改变了一个家族。我们会告诉这些孩子“当有一天有能力的时候，希望你们用我们现在的方式去帮助那些需要帮助的人；至于你要不要做，要靠自己的良心”。我相信有一天会有人这样，早晚的问题。人会慢慢成熟，有一天回想起自己的成长经历，会有所行动。

仗义疏财的阿爸

解放前我们家有接近上千亩山地，解放后如果划分家庭成分，绝对是要被划成大地主的，然而我们家却被划成了上中农。为什么呢？和我阿爸玩的小伙伴们几乎都是穷人家的孩子，好多都是在有钱人家做佣人的。阿爸那时经常把他们带到家里吃饭，也不一定是想给他们什么东西，阿爸当时只是觉得大家是好朋友，我们家有吃的，就把你们带到我家吃饭。后来解放了，划分成分时，那些经常和阿爸玩的小伙伴成了村干部，他们给我家划成分先是把属于我们家供养寺庙的土地划归寺庙，这样我们家就成了寺庙的农奴。剩下几百亩土地了，村干部又说，还有很多田地是要交给寺庙的。算来算去，我们家土地全部变成寺庙的财产了，我们家理所当然就成了给寺庙种地的人了。但是我们家的房子又那么大，村干部就又说，这样吧，他们虽然是农奴，但也分了不少财产，就划为上中农吧。村干部一句话，我们家的家庭成分本来应该是大地主，就变成上中农了。

原因是什么呢？阿爸小时候带到家里吃饭的那一批小伙伴，后来都当了大队长、支书、小队长了，他们很多都是兄弟、亲戚、朋友等。那个时代他们对我家都很不错。而第二代，也就是我们这代，也都是很好的朋友。这些长辈，到现在还经常

能回想起小时候我爸爸给他们吃的、我奶奶热情接待他们的情形。所以，只要对人真诚付出了，哪怕只是很少一点点，别人也会感恩很久。这就是典型的发生在我们身边的因果报应。

珍贵法衣不见了

前些年，我刚从国外回到马尔康时带了很多衣服。我和阿爸说，衣服留着穿不过来也是浪费，就把那些衣服送给别人穿吧。后来我就离开家乡到外地传法去了。

有一次，我回到家乡举行大法会，想找出一些贵重的法衣穿上，打开箱子一看，里面是空的，法衣不见了。这些法衣非常珍贵，都是祖上留下来的，都是用珍贵的绸缎、金丝银丝缝制的，做工精致，不但有浓厚的佛教风格，还有藏族特色，现代人已经无法再复制了。我赶紧问阿爸，阿爸平静地说："已经按照你的意思送人了。"我很吃惊："我什么时候让你把法衣送人的，那些法衣都是我在举行大型法会时候才穿的啊！"阿爸说："你忘了吗？上次你回来的时候就告诉我，让我把你带回来的衣服全部送人的。你那些衣服太多了，我送的时候也费了一番劲呢！有一次，我把很多喇嘛请到家里来修法，等他们修完后，我想起你的话，就把你的衣箱摆出来，让他们喜欢什么就拿什么，你那些法衣就被人挑走了。”我问阿爸：“你不知道我那些法衣很珍贵吗？”阿爸说：“知道啊，可是这是你让送人的。”我听了以后哑口无言了。最好笑的是，把这些衣服送人以后，阿爸还把空箱子整整齐齐摆放在了原处。

您需要帮助吗

我认识一位国际救援机构的负责人，几十年里他在世界各地做过很多救助贫困的事。玉树大地震前，他就一直在那里支教。他和其他人一样遭受了空前的身心灾难。很多藏民顷刻之间变得无家可归，失去了亲人。而这个时候，藏民们看到他这个外来人，首先是问他需不需要帮助，他深受感动。他对我说，他走过世界很多国家贫穷的地方，每到一处，这些地方的人总要向他尽情诉苦，说他们是如何的穷，如何缺这缺那，如何急

需帮助。只有在藏区，很多人的物质生活相当艰苦，但他从来没有听到过藏民们向他诉苦，却总是说“我们过得很好，心情很愉快”。藏民们反觉得他一个外国人抛家舍业来到这里不容易，经常主动问他需不需要帮助。他后来说，这就是信仰的力量啊，信仰让这些物质上看起来贫穷的人，在精神上成了别人无法比拟的富翁。他们因为对自己信仰的虔诚而表现出的内心高贵，让他深深震撼。

为什么要盖辉煌寺庙

很多人都不理解藏区的寺庙为什么那么雄伟豪华。我经常听到这样的议论：你是个修行人，需要把寺庙建设得如此豪华吗？您把盖寺庙的钱分给那些穷人不是更好吗？

没有调查就没有发言权。在评论一件事情之前，一定要调查它的来龙去脉。藏区寺院和汉地寺院不一样的，汉地寺院是信徒们烧香拜佛的地方，藏区的寺院有其背景，历史上寺庙除了是藏区百姓精神信仰所在地，还有学校、养老院、孤儿院、医院、慈善机构等多种功能。众所周知，解放前藏区除了几所贵族私家学堂以外，没有一所正规学校。所以，藏区的每座寺庙都是学校。历史上，小寺庙相当于现在的中小学，大寺庙相当于现在的高等学府。整个藏民族几千年来优秀的传统文化也都靠寺庙体现。寺庙不单单是教人学佛法，还教大家建筑学、美术、医学、天文星学等很多学科，类似于现在的综合性大学，所以说藏区的寺庙是藏民族几千年文明的综合之所。

没有一个民族尊重自己的文化像藏族人那样的。在藏区，只要看到藏文字，没有一个百姓会踏在上面。他们尊重文字，从尊重文字到尊重所有的文化，这个文化和他的信仰是息息相关的。在他们心目中，信仰是至高无上的，所以最美好的东西就应该奉献给他们的信仰。

最简单的例子，假如一个藏族家庭有两个孩子，一个聪明，一个笨一点，就会把聪明的那个送到寺院去。一个家庭有两个小孩，一个脾气好，一个脾气坏，绝对会把脾气好的送到寺院去。这样做，就是认为那是他最崇高的信仰，要把最美好的东西奉献给它。

藏族家庭并不都富有，但只要去看他家的佛堂，会发现，佛堂永远会比睡觉的地方好很多。在其他地方，即使是虔诚的佛教徒，往往是自己住豪华别墅，书房和经堂却放在一个小角落，会把生活看成是最重要的，而把信仰看成是旁边一个小小

的需要。而在藏区，生活和信仰是合在一起分不开的，信仰才是在这个世界上活着的最重要目标。所以，不只是我们寺院，你可以看到整个藏传佛教寺院，不管这个地方多么贫穷，寺院永远是最好的。

为什么要把寺院盖这么好？为什么不把寺院的财产分给这些信徒？历史上曾经有这样的记载，古吐蕃王国历史上曾经三次平分土地。解放后，政府也把所有的土地也是按人头给平均分了，改革开放以后，土地又进行了一次重新分配，时间过去了三十年，经过平分的土地和财富的分配又发生了变化。怎么造成的呢？

佛教讲前世带来的因果业力，现在叫基因，富有的人会变成富有，因为他就存在着勤奋的基因，他的家教、与生俱来就带着这样一种教育在他们的骨子里。你可以发现，这些家族是一个勤劳的家族，他的后代也是很勤劳。懒惰而不求上进的人日子仍然过得很紧张，你施舍给他多少，没有从根本上改变他的心态，他一样还是穷。如果没有通过教育等各方面去改变他的思想，想通过施舍的方式让他变富有几乎是不可能的。即便有，也不会长久。

所有寺庙是全民共有的，你不能看到某个人在住持，就以为寺院变成他的私有财产了。这个活佛跟这个寺院，所有信徒跟这个寺庙，实际上每个人只是使用的人，只是拥有暂时的使用权。我一直讲，藏传佛教的寺庙财产是属于每个信徒的，不属于任何一个在寺院里面的修行人。无论他做得多好，也是全体共有的，不属于任何个人的。就像我，是建造这个寺庙的人，我不能把任何东西搬走以自己享用。大家可以在寺里面享用，但不能拿回去。

一个国家或地区为了表现他们优秀灿烂的文化和历史传承，需要盖博物馆这样的建筑，需要保留一些人文古迹给现代人来看，历史上的文化建筑曾经是这样，古老的东西是这样。一个地区有没有博物馆、图书馆，是这个地区的文明是否发达的标志。

建寺院不单纯是造房子、造佛像。这是我们老祖宗累积了几千年的建筑精华流传下来的。单是造一个佛像，它的尺寸、它的用料，它的美工、冶金技术，经历了一代又一代的艺术传承才能够这么精美，是所有传统文化结晶。一个优秀的寺庙，传下来的文化是个综合体，它的灵魂就是它的宗教信仰。因为只有宗教信仰者才会通过它的灵魂做他的美术，透过它的灵魂做他的艺术。全世界保留得最好的东西是带着宗教信仰做出来的。

一个人不要用肤浅的眼光看待事物，说为什么这个寺院盖那么好看，要放大看，要看到一个地区文化的综合展示。没有办法让每个家庭都保留古董文物和美术，那么把大家的力量集

中在一起建寺院，为这个地区保留它的传统，保留最精华的美术、最经典的建筑等。这样，寺庙就是一个图书馆、博物馆、美术馆兼高等学府。而它最引以为傲的是它的软件——博大精深、包罗万象又非常严密的佛教教义制度，培养着一代代灵魂工程师。作为灵魂工程师的僧人们，从解决当地人们的婚丧嫁娶到生活琐事，事无巨细都扮演着重要角色，解救一批批在红尘中失去生活方向、灵魂迷茫的芸芸众生，为人类与大自然的和谐、社会的安宁与祥和做无私而伟大的奉献。所以，藏区的活佛或高僧大德，他的责任并不是单纯传教，他在这个地区承担着历史责任、社会责任，要把传统文化保留并发扬光大，最重要的当然是佛教文化。单一保留它的文化能发扬吗？也不可以。所以尽量集中所有文化在一起才能够发扬广大，我就是用这样的理念来做事的。

我还有另外的想法：我现在盖的寺庙，大概几百年内都不需要更换。我最不喜欢看到的是一件东西做出来又很快被打掉。就像现在有的 GDP 数据，房屋盖起来，不到二十年发现盖得不好又把它拆掉，拆掉是 GDP，盖起来也是 GDP，那么多的血汗钱浪费……我珍惜每一分钱，是在做一个长远规划。

后 记

改革开放以后，各个地区经济发达、物质充裕，我们的生活也越来越充实了。但也出现了一些不均衡现象，特别是偏远地区和沿海发达城市相比，贫富差距越来越大，富人和穷人之间分化也越来越突出。

很多人因为财富的急剧增加和自身的道德修炼不在一个层面，加上慈善制度还不健全，所以就造成很多富人有藐视穷人的心态。而穷人面对富人，仇富现象日益严重。贫富之间互相敌视，甚至到剑拔弩张的状态，这种不和谐的深层原因是大家不懂得彼此感恩。

这本关于财富的书，是希望我对于财富的一些认识能引发大家对如何拥有财富、如何面对财富、如何运用财富、如何正确面对穷富关系等问题的深层思考和对自身心态的良好定位。

成功人士之所以成功，是因为他们比普通人付出的更多，他们的努力可能是常人的几十倍甚至上百倍。经常是，我们只看到他们成功的一面，而没有看到他们付出辛劳的一面。换个角度讲，很多成功人士，也是在拥有福报的同时，由于周围人的付出才能享受到成功。所以，成功者和普通人要能够彼此尊重，这点非常重要。

在我们的社会，如果财富的拥有者能够懂得把自己财富跟其他人去分享，那么，所有人都可以从中体悟感恩，收获快乐。如果我们拥有正确的财富观，互相信赖，彼此感恩，我们的社会就会变得越来越宁静，越来越和谐，我们的生活也就越来越快乐……

2010年9月22日于马尔康